中华文明突出特性阐释丛书

张志强 主编

保合太和

中华文明突出的和平性

刘丰 著

浙江古籍出版社

"中华文明突出特性阐释丛书"编委会

主　编：张志强

编委成员（按姓氏笔画排序）：

　　　　王旭斌　龙涌霖　任蜜林　刘　丰

　　　　孙海科　胡海忠　程为民　傅　正

本册著者：刘　丰

总 序

2023年6月2日,习近平总书记考察中国社会科学院中国历史研究院,并在文化传承发展座谈会上发表重要讲话。这是一篇具有里程碑意义的讲话,充满理论力量和学术含量。习近平总书记在讲话中发出了在新的历史起点上建设文化强国、建设中华民族现代文明的号召,为推进中国特色社会主义文化建设提供了科学指引和行动指南。

在讲话中,习近平总书记对"第二个结合"进行了系统论述,标志着习近平总书记关于文化建设的理论思考已经成熟,在一定意义上也标志着习近平文化思想的形成。在讲话中,习近平总书记提出了中华文明"五个突出特性",深刻把握中华文明的突出特性,是实现"第二个结合"的前提。习近平总书记指出,"只有立足波澜壮阔的中华五千多年文明史,才能真正理解中国道路的历史必然、文化内涵与独特优势",因此,中华文明"五个突出特性"的提出,也标志着习近平总书记关于中华文明发展规律的认识已经成熟,标志着在中华文明发展规律基础上开辟和发展中国特色社会主义道路的规律性认识已经成熟。

中华文明突出特性构成了中华文明发展规律的内涵。把握中华文明发展规律，深刻理解中国道路的历史必然、文化内涵与独特优势，是建设中华民族现代文明的必要前提。中华民族现代文明是继承和发展中华文明突出特性的产物，也是中国共产党领导中国人民对中华文明突出特性进行创造性转化和创新性发展的现代形态。

中华文明"五个突出特性"的提出，回答了关于中华文明发展的规律性问题，驳斥了关于中华文明的种种错误认识，重建了中华文明历史的整体叙事，揭示了中国所以为中国的内在道理。

中华文明突出的连续性，包含着一种深刻的历史观。这种历史观是从过去现在未来的连续整体出发，把历史理解为文明实践的总体性。从历史实践的内在视野出发，将文明理解为一个文化生命体的有机生长进程。5000多年中华文明史尽管经历过曲折困顿，但中华文明始终能够承敝通变，穷变通久，以通古今的方式究天人，以深刻的历史主动性精神不断将中华文明历史贯通下去。在中华文明的通史精神中蕴含着中华文明连续性的奥秘。中华文明的连续性表明，所有对中国历史的断裂性解释都是不符合中国实际的认识。

中华文明突出的创新性，包含着一种深刻的革命观。这种革命观是对天道自我更化能力的说明,是积极面对变革、主动谋求变革的历史主动精神的体现。这种革命观是连续性的动力和根据,也是使得变化能够成就发展的内在要求。中华文明的连续性和创新性互为表里,成为中华文明发展的内在规律。中华文明的创新性表明,所有关于中国没有历史的停滞性解释都是不符合中国实际的认识。

中华文明突出的统一性,包含着一种深刻的世界观。这种世界观是从天下一家的视野出发,从团结凝聚的大一统传统出发,将不同地域不同族群的天下人,在面对共同危机中凝聚为一个多元一体的命运共同体,贯穿其中的是天下为公的共同价值。中华民族共同体的形成历史就是人类命运共同体的典范。中华文明的统一性表明,所有把大一统解释为僵化"专制"的历史认识,都是不符合中国实际的认识。

中华文明突出的包容性,包含着一种深刻的价值观。这种价值观来自一种关于天地之德的认识,也出自一种从实际出发的哲学认识论。根据这种认识论,差异是不可回避的实际,贯通差异、调适差异,而非取消差异或是将差异绝对化,才是对待差异的正确态度。这种态度表明了一种克服自我中心的价值观,一种来自天地无私之德的价值观。中华文明的包容性表明,多元一体的中华民族是中华民族共同体实践中形成的包容性价值观的结果。

中华文明突出的和平性,包含着一种深刻的伦理观。天下一家、四海之内皆兄弟的理想,表明中华文明是以道德秩序来构造世界的,个人与家国天下之间在道德感通中不断推扩延伸,最终形成一种群己合一的共生秩序。这种天下一家的伦理观,决定了中华文明的和平性,决定了中华文明从来都是以共生和谐的态度来对待矛盾、对待分歧,从来不强人从己,而是在差异中求大同,认为对立面可以在交流沟通中达成和谐。中华文明的和平性表明,用所谓帝国、征服等认识模式来看待中国历史是不符合中国实际的。中华文明的和平性是中华文明包容性的伦理表现,也正是由于和平性,包容性才能真正落实为一种共同体建设,落实为一种共生的秩序。

对中华文明突出特性的研究,是习近平文化思想研究阐释的重要内容。做好习近平文化思想的学理性和系统性阐释,发挥好中国社会科学院的学术优势和理论优势,是中国社会科学院的职责使命之一。因此,做好习近平文化思想的哲学研究和阐释,也是中国社会科学院哲学研究所的职责使命。中国社会科学院哲学研究所中国哲学学科组织团队,先后申报并获评了国家社科基金重大项目、中国社会科学院"建设中华民族现代文明研究阐释工程"的重大项目"中华文明'五个突出特性'

的哲学研究"。中国哲学学科将本项目的研究作为一项重大的政治任务和严肃的学术课题,紧张地投入研究。值此习近平总书记在文化传承发展座谈会上的重要讲话发表一周年之际,我们与浙江古籍出版社合作,共同推出这套"中华文明突出特性阐释丛书"(共五册),作为习近平总书记讲话一周年的献礼。在此,我们要向中国社会科学院科研局给予课题组的研究保障,表示衷心的感谢!向浙江古籍出版社给予的支持帮助,向王旭斌社长领导下编辑团队的辛苦付出,表示衷心的感谢!同时也要感谢研究团队,在研究写作过程中,团队成员多次集中研讨和统稿,积极探索有组织科研新机制,在共同研讨中团结了队伍,凝聚了感情,积累了研究经验,希望团队形成的协同研究模式,可以成为中国哲学学科以及哲学研究所的研究传统,不断得到发扬。

在短时间内完成的五部著作,是充分发挥作者各自学术积累,积极调动既有学术资源的产物。由于写作和修改时间有限,肯定存在很多不当之处。作为项目研究的阶段性成果,我们会在此基础上,不断深化研究,提高认识,争取在不远的将来贡献出更好的作品。

张志强

中国社会科学院哲学研究所

2024 年 5 月 19 日

目 录

绪 论 ………………………………………………………………… 01

第一章 中华文明和平性的内在机理与历史呈现 …………… 06
第一节 以农为本——中华文明和平性的历史基础 ………… 08
第二节 "家和万事兴"——中华文明和平性的文化基础 ……… 16
第三节 "学而优则仕"——中国古代社会的流动性与社会秩序
的稳定 ……………………………………………… 30
第四节 丝绸之路——中华文明和平性的历史呈现 ………… 39

第二章 中华文明和平性的思想内涵 ……………………… 51
第一节 "和平"释义 …………………………………………… 52
第二节 中和之道 ……………………………………………… 57
第三节 絜矩之道 ……………………………………………… 64
第四节 人与自然的和谐 ……………………………………… 72
第五节 致太平 ………………………………………………… 76

第三章 中华文明和平性的特点 … 91
第一节 中华文明和平性的本体论依据 … 92
第二节 中华文明和平性的思想基础 … 96
第三节 中华文明和平性的特点 … 104

第四章 太平理想——中华文明和平性的追求 … 113
第一节 "大同"理想 … 115
第二节 "大同"理想的发展 … 124
第三节 王道理想 … 135

第五章 继往开来——中华人民共和国对中华文明和平性的继承与发展 … 147
第一节 和平共处五项原则 … 148
第二节 构建和谐世界 … 153
第三节 构建人类命运共同体 … 157
第四节 和平发展 … 168

主要参考文献 … 174
后　记 … 177

绪　论

中国有百万年的人类史，一万年的文化史，五千多年的文明史。中华文明是世界上唯一绵延不断且以国家形态发展至今的伟大文明，形成了博大精深且独具特色的文明体系。正如习近平总书记多次指出的："如果没有中华五千年文明，哪里有什么中国特色？如果不是中国特色，哪有我们今天这么成功的中国特色社会主义道路？只有立足波澜壮阔的中华五千多年文明史，才能真正理解中国道路的历史必然、文化内涵与独特优势。"[1]中华文明五千年深厚的文明史，是我们建设中国特色社会主义的根基，是我们文化自信的底气，更是我们建设中华民族现代文明的坚实基础。

2023年6月2日，习近平总书记在文化传承发展座谈会上的讲话中，高屋建瓴地概括出中华文明具有的"五个突出

1　习近平：《在文化传承发展座谈会上的讲话》，《求是》2023年第17期，第6页。

特性",即中华文明具有突出的连续性、突出的创新性、突出的统一性、突出的包容性、突出的和平性。正因为中华文明具有的这"五个突出特性",才使得中华文明在数千年的历史长河中虽然历经波折,但一直百折不挠,自强不息,形成了波澜壮阔的文明画卷。这"五个突出特性"蕴含在中国历史和中华文明的方方面面,是我们研究中华文明的根本指导原则。

中华文明所具有的"五个突出特性"是相互联系、相互成就的统一体。关于中华文明具有突出的和平性,习近平总书记指出:"和平、和睦、和谐是中华文明五千多年来一直传承的理念,主张以道德秩序构造一个群己合一的世界,在人己关系中以他人为重。倡导交通成和,反对隔绝闭塞;倡导共生并进,反对强人从己;倡导保合太和,反对丛林法则。中华文明的和平性,从根本上决定了中国始终是世界和平的建设者、全球发展的贡献者、国际秩序的维护者,决定了中国不断追求文明交流互鉴而不搞文化霸权,决定了中国不会把自己的价值观念与政治体制强加于人,决定了中国坚持合作、不搞对抗,决不搞'党同伐异'的小圈子。"[1]

关于中华文明突出的和平性我们可以从两个方面来理解。从历史来看,和平、和睦、和谐的思想蕴含在中国古代哲学

---

[1] 习近平:《在文化传承发展座谈会上的讲话》,《求是》2023年第17期,第6页。

思想当中，体现在中国文化的各个方面，是中华文明的核心价值追求之一。从现实来看，正因为中华文明具有突出的和平性，因此决定了当代中国在国际交往中必然是世界和平的建设者、全球发展的贡献者和国际秩序的维护者。

在中国古代思想和经典当中，"和平"的本义是指声音与音乐的和谐美妙，由此又引申出了阴阳和谐、礼乐和谐以及社会政治和平等诸多含义。后来中国思想史上对和平的诸多解释，都是以此为基本思想而展开的。因此，和平思想是建立在中国哲学深厚的基础之上的。具体来说，正如《深刻把握中华文明突出特性的历史意义与时代价值》一文中所归纳概括的：

> 中华文化是主张万物一体的文化。"仁者，以天地万物为一体"的宇宙观，决定了中国人和平、和睦、和谐的世界观。在人与自然关系上，中华文化认为"和实生物"；在人与人的关系上，中华文化主张"和为贵"；在人与自身的关系上，中华文化强调"致中和"。中华文化并不是无原则的"和"，而是主张"和而不同"，在包容多样性的同时又尊重差异性。[1]

---

[1] 中共中国社会科学院党组：《深刻把握中华文明突出特性的历史意义与时代价值》，《求是》2023年第18期，第50页。

由此可知，中国传统文化中的和谐思想涵盖了个人（身心和谐）、社会、自然以及天下，这几个方面都可以用"和"贯通起来，这不仅展现了和平思想的丰富内涵，同时也说明中国文化的各个方面都可以在和平、和谐思想观念之下统一起来。

古今道路是相通的。中华文明具有突出的和平性，这就在根本上决定了当代中国必然走和平发展的道路。"中华文明和平性的突出特性为建设世界和平、促进全球发展、维护国际秩序提供了中国智慧。对话而不是对立，交流而不是隔绝，合作而不是对抗，协商而不是强加，建设而不是破坏，应当是今天世界各文明之间遵循的和平准则，也是构建人类命运共同体的基本法则。"[1]

总而言之，和平性是贯通中华文明古今的共同价值，体现在中华文明的各个领域。本书将以习近平总书记关于中华文明突出的和平性的论述为指导，从历史和现实两个维度，通过对思想史、哲学史、社会史等不同侧面的勾勒，力图全面展示中华文明五千年的发展过程中，和平性的内在机理、历史呈现、思想内涵和价值追求，并以构建人类命运共同体为核心来进一步呈现中华文明和平性的当代发展。深入研究

---

[1] 中共中国社会科学院党组：《深刻把握中华文明突出特性的历史意义与时代价值》，《求是》2023年第18期，第50页。

阐释中华文明突出的和平性，对于进一步研究中华文明的发展规律和内在特质，从而对于马克思主义基本原理与中华优秀传统文化相结合，都具有重要的学术意义和时代价值。

第一章
中华文明和平性的内在机理与历史呈现

习近平总书记指出:"中华民族历来是爱好和平的民族,中华文化崇尚和谐。在五千多年的文明发展中,中华民族一直追求和传承着和平、和睦、和谐的坚定理念。以和为贵,与人为善,己所不欲、勿施于人等观念和传统在中国代代相传,深深根植于中国人的精神中,深深体现在中国人的行为上。"[1] 中华文明和衷共济、和合共生的历史基因弥散在中国五千年的文明史中,体现在中华文明的方方面面,同时中国历史上的一些制度、机理也对形成中华文明的和平性起到了非常关键的作用。深入到中华文明的深处,可以更加明确地看到中国古代历史的发展路径、制度特色对于形成中华文明的突出特性所起到的促进作用。

---

[1] 习近平:《论坚持推动构建人类命运共同体》,北京:中央文献出版社,2018年,第152页。

中华文明是以农耕为主的文明形态，农业文明重视自然的节律，主张与自然和谐共生，农业经济形态塑造了中华文明安土重迁的和平性。中国历史上发达的家族制，既保护、促进了中华文明的延续，同时也使家在中国文化中居于核心的位置，并且形成了中华文明家国一体的整体结构。从社会结构来看，中国自古以来就有尚贤的传统，汉代以后，以制度的形式保证有才能的士人得以进入到国家体制当中。从隋唐开始形成的科举考试，到宋代逐渐完善，并且一直延续到明清时期，长达一千多年的科举制为中国古代社会建立了正式、稳定的社会流通渠道，这是中华文明的一大创举，同时也深刻地影响了中国古代历史的各个方面，尤其是对于维系社会结构的整体稳定，起到了制度性的保障作用。因此，从中国古代文明的整体来看，中华文明的和平性是建立在中国古代社会的经济基础和社会结构之上的，这就从社会的深层决定了中华文明的和平性，这也是我们探讨中华文明的和平性首先需要关注的问题。

第一节　以农为本——中华文明和平性的历史基础

中华文明是在东亚大陆地区发展起来的原生文明形态。早在《尚书·禹贡》当中就记载，当时的中国"东渐于海，西被于流沙，朔南暨声教，讫于四海"。这是战国时期中华文明的"四至"观。秦统一之后，中国的"四至"更是延展到"地东至海暨朝鲜，西至临洮、羌中，南至北向户，北据河为塞，并阴山至辽东"（《史记·秦始皇本纪》）。到了明清时期，如明代的领土是"东起辽海，西至嘉峪，南至琼崖，北抵云朔"（《明史·地理志序》）。清代的领土是"东极三姓所属库页岛，西极新疆疏勒，至于葱岭，北极外兴安岭，南极广东琼州之崖山"（《清史稿·地理志序》）。中华文明就是在东亚大陆这片广袤的大地上孕育发展起来的。

东亚大陆"负陆面海"，空间辽阔，腹地深远，地形地貌变化很大，平原、高原、丘陵、山地以及众多的河流、湖泊纵横交错，但又自成一体，西南地区有高山，西北有流沙，北方有戈壁，自然的屏障使东亚大陆形成了一个相对封闭完整的区域。这里气候差异明显，最南端是热带、亚热带地区，大部分地区属于温带，最北端还有亚寒带，这样完备的气候类型为农业的多样发展提供了良好的基础。地理环境上的400毫米等降水量线，即从大兴安岭西坡沿西辽河上游、燕山山脉，经黄河、长江上游，直抵雅鲁藏布江河谷，划分了中华文明东南和西北两个区域。以这条等降水量线为界，东南为受太平洋和印度洋季风影响的湿润地区，西北为干旱地区。这条400毫米等降水量线也成为东亚大陆农耕区与游牧区的大体边界。整体而言，东亚地区独特的地理环境、完备的气候类型影响了中华文明的发展，塑造了中华文明的性格，同时中华文明也影响了这里的山山水水，一草一木。

在东亚大陆，从地理和气候方面来看，最主要的地区就是大河流域的广大区域，这里气候温和，降水丰沛，地形开阔，平原、丘陵交错，最适合农业生产的发展。史前中华文明的主体主要就是从黄河流域和长江流域发展起来的。

据中华文明探源工程研究，中国古代的农业有非常悠久的历史，起源非常早。在距今10000多年前，我国北方地区已经开始栽培粟和黍，长江中下游地区开始种植水稻。农业的起源和发展，为各地进入新石器时代奠定了基础。

黄河中下游地区主要种植粟和黍，同时兼种水稻。北京门头沟东胡林遗址发现的世界上最早的炭化人工栽培粟和黍，距今11000—9000年。这次发现虽然粟只有14粒，黍只有1粒，"但足以宣示，中国南方先民成功驯化水稻的同时，北方先民也成功开始粟和黍的驯化。南稻北粟的中国史前农业格局由此奠定"[1]。在距今9000—7000年前的裴李岗文化时期，农业取得进一步发展。距今8000—6000年期间，在气候整体温和暖湿的环境下，黄河流域和辽河流域的粟作农业取得了显著的发展。

长江中下游地区以水稻为主要农作物。江西万年仙人洞和吊桶环遗址发现了距今18000年的大量水稻植硅石，表明先民已经开始采集野生水稻。在距今10000年前，已经开始水稻的栽培，稻作农业开始萌芽。到了距今8000年前，稻作农业有了初步发展，人口显著增加。在长江中游地区，距今9000—8000年前的彭头山文化时期，稻作农业取得了初步发展，史前文化得到了发展。

在长城沿线与西辽河流域，粟作农业在距今10000年前后也开始兴起。距今6000年前后，农业得到进一步发展。这主要表现在两个方面：一是农业生产工具取得了进步。在长江下游地区，距今5500年左右的崧泽文化晚期，出现了犁耕，到了距今5100—4500年的良渚文化时期，出现了石犁及其他耘田的各种稻田农具。另一个表现是生产技术的进步。如长江下游浙江茅山遗址特别是余姚施岙遗址发现的良

---

[1] 中国历史研究院主编：《中华文明史简明读本》，北京：中国社会科学出版社，2024年，第9页。

渚文化的稻田，规模达到 10 万平方米，显然已经超过稻作农业初期小规模的阶段。又如在良渚古城出土了大量碳化稻谷堆积，估计重量有 20 多万斤。这些证据都表明当时的农业生产技术有了很大的提升。

考古研究还表明，在各地史前农业发展的同时，手工业技术也取得了进步，如技术含量高、高等级的玉器、陶器、漆器、绿松石装饰品等，在各地考古遗址中均有出土。这也表明当时已经出现了社会分工和社会阶层的分化，是社会进步的表现之一。[1]

整体上来看，通过考古以及其他学科的综合研究，史前农业的起源和发展为中国进入文明阶段奠定了坚实的物质基础。中国古代文明的主体是农业文明，"世界主要原生文明均以农业为基础，中华文明同样如此。万年之前，中国先民在大江南北和大河上下，播下稻种、粟种，也播下了中华文明以农为本的基因"[2]。

大地是农业的命脉。中华文明以农业为主体，在中国的经典当中，充满了对大地的赞美与热爱。《周易》说："至哉坤元，万物资生，乃顺承天。坤厚载物，德合无疆，含弘光大，品物咸亨。"（《坤·彖传》）坤为地，厚德载物，

---

[1] 参见王巍等：《溯源中华文明》，北京：北京联合出版公司，2023 年，第 12—18 页。
[2] 中国历史研究院主编：《中华文明史简明读本》，北京：中国社会科学出版社，2024 年，第 11 页。

生养万物，这是大地最伟大的品德。《礼记·郊特性》也说："地载万物，天垂象，取财于地，取法于天，是以尊天而亲地也。"礼赞大地，效法天地，是中国传统文化当中的重要内容，也是中国文化基本的思维方式之一。对土地的依恋和热爱已经深深地根植于中国文化当中了。

中华文明的主体是农业文明，在中国思想当中，也很早就认识到农耕的重要性。农耕在古代被认为是"本"。如《管子·五辅》中说："明王之务，在于强本事，去无用，然后民可使富。"《齐民要术·序文》也说："舍本逐末，贤者所非。"

农业是国本，农业发展了，国家就能富强。《管子·治国》中说："民事农则田垦，田垦则粟多，粟多则国富，国富者兵强，兵强者战胜，战胜者地广。是以先王知众民、强兵、广地、富国之必生于粟也。故禁末作，止奇巧，而利农事。"《吕氏春秋·贵当》中也说："霸王有不先耕而成霸王者，古今无有，此贤者不肖之所以殊也。"在中国历史上，尤其是秦汉以后，历代王朝皆把"重本抑末"作为治国理政的重要措施，将农业看作是国之命脉，如汉文帝诏曰："农，天下之大本也，民所恃以生也。而民或不务本而事末，故生不遂。"又说："力田，为生之本也。"（《汉书·文帝纪》）

农业对土地和环境的依赖，农民对土地的热爱，使中国文化形成了安土重迁的性格。《周易·系辞上》说："安土敦乎仁，故能爱。"《礼记·哀公问》又说："不能安土，不能乐天。不能乐天，不能成其身。"男耕女织，安居乐业，"日出而作，日落而息"，是中国传统文化的基本形态。汉民族向往的是社会安定，"饥则得食，寒则得衣，乱则得治，此安生生"（《墨子·尚贤下》）。中华文明尤其是中原地区的文明主体就是在历代人民的辛勤劳作下，不断发展，铸就了中国古代辉煌的文明成就。

李约瑟在研究中国古代科技史的时候曾指出，中国古代在农业科技方面，如龙骨车、石碾（用水利驱动的石碾）、水排、风扇车和簸扬机、活塞风箱、提花机、缫丝机、独轮车、加帆手推车、磨车、弓弩、深钻技术、铸铁、河渠闸门以及火药、罗盘、纸和瓷器等，远远领先于西方，体现了中华文明的成就。元代来到中国的意大利人马可·波罗对大都（今北京）、泉州、杭州等地的社会经济繁荣表达了极大的惊诧和赞佩。

除了这些科技成就之外，中国古代数千年的成熟农业文明也形成了一整套关于天象、物候、农田水利与农业生产关系的认识。如《夏小正》就记载了物候与农时的关系，在战国时期就形成了二十四节气，这些都是科学的认识，对于农业生产有非常重要的意义，直到今天依然具有实用价值。

总之，中国古代文明的辉煌成就是建立在农耕经济的基础之上的。农业文明重视自然节律，主张顺应自然，这种精神造就了中国文化顺天守时、天人合一的哲学，同时也塑造了中国文化崇尚和平、讲求中庸之道的文化性格。这种文化性格为中国的历史与文化赢得了稳定与和平。在历史上，中原地区对于北方游牧民族的袭扰也多是采取防御措施，"不教胡马度阴山"是中原地区农业文明的基本愿望和目标。

在中国历史上，只要社会和平稳定，就会造就富裕和平的盛世。例如，西汉初期以清静无为的黄老道家思想为指导，采取了与民休息、轻徭薄赋、轻刑慎罚等政策。经过几十年的发展，社会经济得到了恢复，出现了"文景之治"。史书记载："至武帝之初，七十年间，国家亡事，非遇水旱，则民人给家足，都鄙廪庾尽满，而府库余财。京师之钱累百巨万，贯朽而不可校。太仓之粟陈陈相因，充溢露积于外，腐败不可食。众庶街巷有马，仟伯之间成群，乘牸牝者摈而不得会聚。"（《汉书·食货志》）这里描述的是西汉文景时期社会经济的富裕。又如，唐代社会稳定，经过贞观时期的发展，到了玄宗开元时期，社会经济高度繁荣，达到了全盛。杜甫在诗中倾力描写了开元盛世的繁荣富裕："忆昔开元全盛日，小邑犹藏万家室。稻米流脂粟米白，公私仓廪俱丰实。九州道路无豺虎，远行不劳吉日出。齐纨鲁缟车班班，男耕女桑不相失。"诗人或有夸张，但开元盛世确实是盛唐繁荣的顶峰，社会经济、文化、艺术都达到了前所未有的高度。再如南宋孝宗时期,"天厌南北之兵,欲休民生"(《宋史·孝宗纪三》),与金朝采取了相对和平的政策,这就直接促成了社会经济的繁荣,"渡江之初,东南岁入不满千万,逮淳熙末,遂增六千五百三十余万焉"[1]。南宋地处江南地区,地理环境更适合农业生产发展,在稳定和平的社会当中,经过二十余年的发展,社会经济很快就恢复并繁盛起来。

从中国古代的历史经验来看,和平就会造就盛世。传统中国社会以农业为主体,而农业生产的发展要以和平稳定的社会为前提。在历史上,只要社会稳定,没有战乱,必然会带来经济的繁荣和社会、文化的发展,这是一条基本的规律。

---

[1] (宋)李心传:《建炎以来朝野杂记》甲集卷十四《财赋一》,北京:中华书局,2000年,第289页。

第二节 "家和万事兴"
——中华文明和平性的文化基础

家是中国文化的根基。在中国传统文化当中,齐家与治国、平天下是一体的,因此中华文明的和平性也就落实在了中国传统社会最基本的核心单位——家族与家庭当中了。

中国古代延续不断的宗法制与家族制是中国古代文化与社会的一个重要特征,同时对中华文明产生了深远的影响。历史学研究认为,中国历史在进入文明之后,血缘纽带没有充分瓦解,"由家族到国家,国家混合在家族里面,叫做'社稷'"[1],这就导致中国文化发展走的是一条"维新"的道路。重视血缘关系,是中国文化的一个重要特征,也是形成西周时期宗法制的重要原因。

王国维《殷周制度论》中提出了一个著名的观点:"中国政治与文化之变革,莫剧于殷周之际。"按照王国维的看法,殷周之际的大变革,从表面来看,是一姓一家之兴亡与都邑之移转,但就实质而论,则是旧制度废而新制度兴,旧文化

---

[1] 侯外庐、赵纪彬、杜国庠:《中国思想通史》第一卷,北京:人民出版社,1957年,第11页。

废而新文化兴。具体来说：

> 周人制度之大异于商者，一曰立子立嫡之制，由是而生宗法及丧服之制，并由是而有封建子弟之制、君天子臣诸侯之制。二曰庙数之制。三曰同姓不婚之制。此数者，皆周之所以纲纪天下。其旨则在纳上下于道德，而合天子、诸侯、卿大夫、士、庶民，以成一道德之团体。周公制作之本意，实在于此。[1]

王国维对西周的制度创建作了高度评价，其核心就在于嫡长子继承制，这是宗法制的核心，也是西周制度文化的一个重大创新，由此形成"一道德之团体"。

所谓宗法制，按照《说文》的解释，"宗"字的意思是"尊祖庙也，从宀从示"。据此，"宀"是房屋，"示"是神主，整个字形表示祖庙。《礼记·大传》说："尊祖故敬宗，敬宗，尊祖之义也。"因此，宗的本义是宗庙。宗法就是宗庙之法，和血缘关系、宗庙制度、祖先崇拜等有关。严格意义上的宗法制度始于西周时期。按照《礼记·丧服小记》和《礼记·大传》的记载，西周宗法制基本内容是：第一，确

---

[1] 王国维：《观堂集林》卷十《殷周制度论》，北京：中华书局，1959年，第451、453—454页。

立立嫡制，使嫡长子之外的诸王子失去了王位继承权，也使嫡庶长幼之间具有严格的等级区别。第二，区别大宗与小宗。为了防止他们对嫡长子继承权的威胁，必须将他们从王室中分出去，另立为宗，这就是《丧服小记》所说的"别子为祖，继别为宗"。别子分出去以后自立一家，其位也由嫡长子继承，称为大宗，世袭不去，故称"百世不迁"。别子之庶子的子孙称为小宗，超过五世就不再有丧服的规定，故称"五世则迁"。这样就形成了以嫡长子系统为大宗，以庶子系统为小宗，小宗服从大宗的宗法制度。第三，昭穆庙制。宗法是一种宗庙之法，是对祖先祭祀和对宗法成员的一些规定和制度。所谓"昭穆"，即"子"之义。但是，同为子，又有昭、穆的区别，这是由于古人的庙次与墓次相同，均以昭居左、穆居右的方式排列。《周礼·春官·小宗伯》："辨庙祧之昭穆。"郑玄注："自始祖之后，父曰昭，子曰穆。"

宗法制度主要是用来区分大宗与小宗。古代很多学者认为，宗法是卿大夫的继统法，是为大夫以下而设，与天子、诸侯无关。这样，就把宗统与天子、诸侯的君统截然分开。现代学者根据传统文献和金文资料进行研究，认为这种说法并不正确。天子、诸侯也实行宗法。著名的古史专家王玉哲先生就说："西周春秋时宗统与君统是合一的。既有宗族的含义，也有政治上的含义。后世礼家谓宗法只限于大夫以下，把宗族组织的宗统与政治上的君统截然分开，认为天子、诸侯实行君统，不实行宗法制度，卿大夫、士阶层才用宗法制的宗统。其实，这并不完全符合当时的历史实际。"[1]我们认为，这个看法是平实的，也是符合历史实际的。从古文献和金文可知，西周时期，天子、诸侯不但有大宗之实，也有大宗之名。宗法制度是西周礼制的重要内容之一，是从天子至士阶层都实行的一种礼制。周代实行的宗法封建等级制使国家结构成为以宗法架构起来的血缘群体，周王之于诸侯、诸侯之于卿大夫、卿大夫之于士、士之于庶人都是大宗之于小宗的关系。这种政治结构也可以称为"家国一体"制度。在这种"家国一体"制度下，各级宗族同时也是行政单位，宗子也就是行政长官，而周王则是"天下之大宗"，因此也是天下最高的行政长官。

总之，宗法制是西周重要的一项礼制。王室贵族实行宗法制，主要是为了防止因王位和财产继承而引起的争夺，是为了稳定统治秩序和社会秩序。《吕氏春秋·慎势》篇中有这样一段话："故先王之法，立天子不使诸侯疑焉，立诸侯不使大夫疑焉，立嫡子不使庶孽疑焉。疑生争，争生乱。是故诸侯失位则天下乱，大夫无等则朝廷乱，妻妾不分则家室乱，嫡孽无别则宗族乱。"这段话清楚地说明，嫡庶不分会

---

[1] 王玉哲：《中华远古史》，上海：上海人民出版社，2000 年，第 574 页。

引起王位、诸侯位的争夺，这样会导致社会混乱。为了避免这种混乱局面的产生，周人设计出了宗法制，以此来消除贵族内部的争端，实现天下安定的目的。

严格意义上的宗法制在西周后期开始瓦解，春秋时期的"礼坏乐崩"其实也是传统的宗法制瓦解和社会结构转型的表现。秦汉以后，中国建立了以郡县为主体的中央集权的政治制度，中国古代历史的发展进入了一个新的时期，但血缘宗法关系在中国社会长期存在，故有学者将秦汉以后的中国社会定义为"封建宗法社会"或"宗法地主专制社会"。如果说先秦时期是典型的宗法制，那么在秦统一之后，随着分封制的废除，君统、宗统一体结构已经不存在了，因此西周时期典型的宗法制也不存在了，但宗法制的某些因素并没有完全消失。冯尔康先生认为，秦汉以后的中国社会可以统称为"变态型宗法社会"[1]。按照这种说法，秦汉以后，上古时期的宗法制度及其观念有一部分保留，但也有变化，宗法精神虽然存在，可是大为削弱，主要体现在宗族当中。

由于血缘宗法关系在中国社会长期存在，东汉及魏晋时期的世家大族以及世家大族形成的门阀政治，某种程度上又是宗法制度的回潮。隋唐时期，随着对门阀制度的打击、科

---

[1] 参见冯尔康：《秦汉以降古代中国"变态型宗法社会"述论——以两汉、两宋宗族建设为例》，《中国宗族制度与谱牒编纂》，天津：天津古籍出版社，2011年，第45—75页。

举制度的兴起,以世家大族为主的门阀制度彻底走向衰落。到了宋代,宗法又以新的形态在社会上重新出现,主要表现为民间以家族为核心宗族的共同体。这个时期的宗族不同于西周时期的宗法与政治高度统一的宗法制,也不同于魏晋时期以门第、身份为主的世家大族,而是以宗族、祠堂、族田、家谱等组成的民间性、普遍性、大众性的宗族。

吕思勉先生曾指出:"聚居之风,古代北盛于南,近世南盛于北。"[1]这个看法得到了近来历史学研究的进一步证实。吕思勉所说的古代是指唐代以前,近世是指宋代以后。南盛于北,显然是与唐中后期以来大族南迁有关。到了宋代,传统的家族发生了很大的变化。宋代是中国古代宗法发展的一个新阶段,是继两汉之后中国古代宗族重建的又一时期。冯尔康先生说:"宋代宗族重建,不再表现在皇家方面,而在于流动性很强的官员及民间读书人和富人方面,尤其是士人和官员关注家族的建设。"[2]这个说法是准确的。宋代的理学家就普遍地热衷于重建宗法。但是,"世谍具存"的"衣冠旧族",在宋代已经很少见了。宋代的宗族制主要是一种以"敬宗收族"为特征的宗族制。在这个时期,文献当中虽然经常

---

1 吕思勉:《中国制度史》,上海:上海教育出版社,1985年,第395页。
2 冯尔康:《秦汉以降古代中国"变态型宗法社会"述论——以两汉、两宋宗族建设为例》,《中国宗族制度与谱牒编纂》,天津:天津古籍出版社,2011年,第56页。

可以见到"五世同居""七世同居""十世同居""累世同居"等聚族而居的宗族，但实际上累世而居、同居共财的大家族在宋代社会所占的比例极小。在宋代社会，普遍存在的是小家庭结构。这种家庭以"三代五口"为标准，以中间的壮年夫妇为核心，上养老人，下育子女，应是一种扩展型的核心家庭。

对应着宋代以后的社会变革，以及以核心家庭为主的家庭形态和社会结构，从北宋开始，出现了一大批有关家规家训的作品。其实，中国古代的家规家训早在两汉时期就已经出现了。只是到了宋代，数量猛增。北宋时期有范仲淹的《义庄规矩》、包拯的《家训》、司马光的《家范》等，南宋时期制定的家训则更为普遍。

除了家规家训之外，宋代还出现了大量的"家礼"一类的作品。其实，两汉魏晋时期的家规家训，在某种程度上说也就是家礼。私家礼制意义上的"家礼"一词最早出现在两晋时期（见《晋书·礼志中》）。到了唐代，"书仪"（也就是古代私家之仪注）也逐渐向家礼的方向发展。唐代有杨炯的《家礼》、孟诜的《家祭礼》、徐闰的《家祭仪》、范传式的《寝堂时飨仪》、郑正则的《家祭仪》、周元阳的《祭录》、贾顼的《家荐仪》、卢弘宣的《家祭仪》等（均见《新唐书·艺文志》）。不过，由于唐代士大夫的家礼主要是从书仪中的"吉凶书仪"发展而来的,因此这些家礼家规也主要以丧祭礼仪为主。

宋代出现的诸多家礼著作中,最为重要的还是朱熹编修的《家礼》。朱子的《家礼》分为通礼、冠礼、昏礼、丧礼和祭礼五大部分,其序曰:

> 凡礼有本有文,自其施于家者言之,则名分之守、爱敬之实,其本也;冠、昏、丧、祭,仪章度数者,其文也。其本者有家日用之常体,固不可以一日而不修,其文又皆所以纪纲人道之终始,虽其行之有时,施之有所,然非讲之素明、习之素熟,则其临事之际,亦无以合宜而应节,是不可以一日而不讲且习焉也。[1]

由此可见,朱子编订《家礼》的目的就是在家常日用之间贯彻礼的要求,以此来整饬纪纲。有学者已经指出,宋代家礼的作者均属宰辅或学养深厚的理学家,皆为儒学素养极高的士大夫。理学家重视家礼,家礼的重要性在某种程度上已经超过了国家礼典,只有齐家方可以治国、平天下。整体上来看,宋代的儒学并未放弃治国、平天下的理想,国家层

---

[1] 《文集》卷七十五《家礼序》,《朱子全书》第二十四册,上海:上海古籍出版社,合肥:安徽教育出版社,2002年,第3626页。

面的礼典礼制依然是宋代儒家学者关心的重大问题，但是理学家把关注的重点放在了"基础"，即更为普遍的社会层面。前文曾经指出，宋代以后，中国社会结构发生了很大的变化，其中之一就是以核心家庭为主的小家庭取代了过去的世家大族，与此同时，礼也逐渐庶民化、平民化。面对新的社会形态，儒家士大夫除了提倡宗法以整饬家族与社会外，制定与变化了的家庭相适应的家训家规家礼，并致力于从更加普遍的社会层面振兴礼教、改革礼俗，以此作为实现儒家修齐治平理想的突破口。

从家礼的实际内容来看，先秦时期出现的《内则》《少仪》就已经对家庭内部子弟教育等内容有了非常详细的规定。《内则》"记男女居室事父母舅姑之法"[1]，《少仪》记"少者事长者之节"[2]，专门记述对少年子弟的礼仪规范，涉及日常生活的各个方面，具有家礼的性质。朱子编修的《家礼》也是在早期礼典的基础之上，结合宋代以来变革了的社会而适当增减而成，以适应当时的士人阶层恢复礼制、复兴儒学之需。

无论是早期的宗法制，还是后来"变异型的宗法社会"，其核心都是以夫妻、父子以及兄弟关系为主的家庭关系。家礼的主旨就是维系夫妻和睦、父慈子孝、兄友弟恭的和谐的

---

[1] 朱子引郑玄语。参见（清）孙希旦：《礼记集解》，北京：中华书局，1989年，第724页。
[2] 朱子语。参见同1，第919页。

家庭关系。具体来说，就是要尊循亲亲、尊尊、长长、男女有别的基本理念和规则。这也是家礼的基本准则。

亲亲，主要是指孝敬父母，其核心思想是孝。《礼记·礼器》强调礼是"反其所自生"，"礼也者，反本修古，不忘其初也"，孝成为家礼的重要观念。尊尊、长长就是尊敬家族中的长者、贵者。在传统的宗法社会中，贵族的宗法制是以嫡庶、大宗小宗来区分等级贵贱的。嫡贵于庶，大宗高于小宗，是尊长、敬长的主旨。《公羊传·隐公元年》记载："立嫡以长不以贤，立子以贵不以长。"何休注："嫡，谓嫡夫人之子。尊无与敌，故以齿。子，谓左右媵及侄娣之子。位有贵贱，又防其同时而生，故以贵也。"[1] 这在原则上规定了古代的君位必须由嫡长子来继承。在王室诸子中，嫡长子的地位要明显高于其他王子。在一般的家族当中，嫡长子在宗法礼仪、财产继承等方面享有的权利也要高于其他庶子。这是宗法制度的本质。

尊尊和长长除了具有尊嫡的含义之外，在一般的意义上，还有尊老的含义。尊老、敬老、养老是中华传统美德，也是中华文明的重要内容与特色，其中尤以儒家更为重视。孟子就说"老吾老，以及人之老"（《孟子·梁惠王上》），这是因为"民知尊长养老，而后乃能入孝弟"（《礼记·乡饮酒义》）。尊老、养老和孝悌在本质上是一致的，因此在家

---

[1] 《春秋公羊传注疏》，上海：上海古籍出版社，2014年，第18页。

礼当中也非常重视尊老与敬老。

男女有别也是家礼中的一项重要原则。中国古代的家礼教育，把男女之间的交往降到了最低限度，认为男女有别才可以维持家族内部的稳定。《周易·家人·彖传》说："女正位乎内，男正位乎外。男女正，天地之大义也。"这是强调男女要各守其位，不要互相逾越，这才是符合正道的。《礼记·内则》也说："礼始于谨夫妇，为宫室，辨外内，男子居外，女子居内。深宫固门，阍寺守之，男不入，女不出。"这是说夫妇男女之别是礼的起源。当然，这并不一定就是礼的真正的起源，但从中说明了家礼对男女之防的重视。《礼记》对此有非常详尽的规定，基本宗旨无非是确定男女大防是家礼的重要原则之一。

总之，家礼的冠昏丧祭等各种仪节以及礼仪后面所蕴含的亲亲、尊尊、长长、男女有别的理念，其主旨是为了家族的和谐与稳定。而家庭是一切社会关系和政治关系的基础。治家的目的就是为了实现社会的和谐，达到社会治理的目的。这是中国文化的重要特征。

中国自古以来就认为，家族内部父子、兄弟、夫妇之间的关系和谐，是治理国家、稳定社会的关键。如《左传·文公十八年》说："父义、母慈、兄友、弟亲、子孝，内平外成。"

《左传会笺》认为:"此以一家言,则内谓家,外谓乡党。"[1]此说近是。依今日言,内谓家,外则指家以外包括乡党在内的社会。这就说明,治家与治国是一致的,只有家族稳定,才会有社会的稳定,这也就是《左传》所说的"内平外成"。这些思想为儒家所继承。《周易·家人·象传》说:"父父,子子,兄兄,弟弟,夫夫,妇妇,而家道正也。正家,而天下定矣。"这是对齐家、治国的简明表述。对于这一思想,《礼记·大学》篇作了更加简明、系统的表述,这就是"八条目"当中的修身、齐家、治国、平天下。《大学》认为,只要治理好了家,也就为治理国家、天下,奠定了坚实的基础,因为家、国、天下,在本质上是相通的。

在《大学》的"八条目"中,虽然"自天子以至于庶人,壹是皆以修身为本",孟子也说"天下之本在国,国之本在家,家之本在身"(《孟子·离娄上》),修身是儒家的重要思想,但修身不能脱离家,修身就是要按照礼的要求行事。《中庸》说"修身以道",这个"道"也就是《礼记·大传》所说的人道,更多地表现为家族内部的各种规范,因此在"八条目"的程式当中,家依然居于核心地位。儒家一致认为,家是国的基础,治好了家也就治好了国。反过来,不能治家,也就不可能治国。

---

[1] 转引自杨伯峻:《春秋左传注》(修订本),北京:中华书局,1990年,第638页。

梁启超曾指出中国古代是"家族本位的政治",也就是"凡国家皆起源于氏族。族长为一族之主祀者,同时即为一族之政治首长,以形成政教合一的部落。宇内古今各国之成立,莫不经过此阶段,中国亦其一例也"。他又说:"我国古代,于氏族方面之组织尤极完密,且能活用其精神,故家与国之联络关系甚为圆滑,形成一种伦理的政治。"[1]家与国的关系是一体的,这是因为从本质上说,中国古代认为家与国是一致的。因此儒家认为,从根本上讲,治家与治国是一致的,因为国只是家数量上的扩大。家族中的尊祖敬宗在国家统治中也同样需要,在家里知道孝敬父母,必然也就会忠于君主。内则父子,外则君臣,是古代普遍的社会认识。因此在古代实行的礼乐教化中,更重视对家族关系的协调,因为家是最基本的社会单位。

《礼记·大传》说:"上治祖、祢,尊尊也。下治子、孙,亲亲也。旁治昆弟,合族以食,序以昭穆,别之以礼义,人道竭矣。"这里所谓的"人道",就是家族中的各种关系。儒家认为,只要协调好了这些关系,就可以实现社会政治的稳定,即"圣人南面而治天下,必自人道始矣"(《礼记·大传》)。其实,《大传》篇的主旨就是由家族的亲亲之道推向治天下。《大传》还说:"亲亲故尊祖,尊祖故敬宗,敬

---

[1] 梁启超:《先秦政治思想史》,天津:天津古籍出版社,2003年,第26、45页。

宗故收族，收族故宗庙严，宗庙严故重社稷，重社稷故爱百姓，爱百姓故刑罚中，刑罚中故庶民安，庶民安故财用足，财用足故百志成，百志成故礼俗刑，礼俗刑然后乐。"这一番推演也是从家族的亲亲说到了治理天下。顾炎武说："一家之中，父兄治之。一族之间，宗子治之。其有不善之萌，莫不自化于闺门之内……天下之宗子各治其族，以辅人君之治，罔攸兼于庶狱，而民自不犯于有司。风俗之醇，科条之简，有自来矣。"[1]孙希旦也说："盖治天下必始于人道，而人道不外于亲亲。先王治天下，必以治亲为先，使天下之人莫不有以亲其亲。"[2]

这里所揭示的就是中国古代家国一体的本质，同时也将齐家放在了治理天下的核心位置，如《周易》所说的"正家而天下定矣"。家在中国文化中的重要意义，不仅是家提供了中国人的价值源泉和信仰基础，同时也是因为"家和万事兴"。中华文明的和平性也是由中国古代延绵不断的家族制，以及维系家族制的家礼所保障的。

---

[1] （明）顾炎武：《日知录》，卷六《爱百姓故刑罚中》，上海：上海古籍出版社，2012年，第282页。
[2] 参见（清）孙希旦：《礼记集解》，北京：中华书局，1989年，第917—918页。

第三节 "学而优则仕"
——中国古代社会的流动性与社会秩序的稳定

在人类历史上,传统社会都是以等级为主要特征的等级社会。中国古代社会也是如此。整体来看,中国古代等级社会结构的发展可以划分为两个阶段。春秋以前,基本上是世袭世禄的贵族政治,政治权力通过世袭为贵族所把持,"血而优则仕",故表现为凝固的、封闭的等级。春秋战国之际,随着社会的转型,社会流动加强,人们对社会关系的变动已有"高岸为谷,深谷为陵"的感叹。秦汉以后,更是对社会的流动进行了制度性的探索,形成了社会成员较为固定的上下流动渠道,表现出中国古代等级社会开放、流动的特征。

一般来说,社会结构如果有正常的、稳定的上升流通渠道,社会就会稳定。中国古代在秦汉以后的社会结构虽然也是等级社会,但社会等级并非是凝固的、封闭的。中国古代的一些制度设计,如汉代的选官制度,尤其是隋唐以后实行了一千多年的科举制度,从制度上保证了社会的流动性,而正常稳定的社会流动又增强了社会的韧性,这对于维系社会的稳定起到了至关重要的作用。中国古代历史上虽然多次出现改朝换代，也有多次的动荡，但从整体上来看，和平、稳定的局面居多，汉、唐、宋、明、清几个朝代都能维持二三百年，这些历史就已经说明，中国古代所实行的一些制度有效地维持了社会的稳定与秩序。社会稳定才有和平，才会有经济和文化的发展。文明的成就都是在和平的时代所取得的。因此，我们探讨中华文明的和平性，还要从中国古代的社会制度，尤其是社会的流动性当中去寻找答案。

社会成员的上下流动（主要是由下向上的流动）主要有三种方式。其一，由于战争或剧烈的社会变动，而使一些达官贵族败落，同时又使一些社会下层出身的人走向上层。虽然这样的机会并不多见，但确是社会关系剧烈变动的表现，刘邦、朱元璋就是这样的胜利者。如赵翼在《廿二史札记》中所总结的"汉初布衣将相之局"，几乎是每个新王朝建立之初总要出现的局面，它确实为社会成员的上下流动提供了一定的途径。其二，由于建立军功等各种原因而受到政府的赏赐，也使一些等级较低的人走向较高的等级。《左传·哀公二年》记载赵鞅的誓词："克敌者，上大夫受县，下大夫受郡，士田十万，庶人、工、商遂，人臣、隶、圉免。""遂"杜预注为"得遂进仕"，"免"为"去厮役"，即获得自由。楚国有廷理立功即"益爵二级"的记载（《韩非子·外储说左上》），商鞅在秦国变法，设立二十等爵制以奖励军功。

后来唐代勋官设置之初，也是以战功受勋。这也成为改变等级地位的一条有益途径。

这些途径虽然可以使一部分人改变社会等级地位，从下层走向上层，但它毕竟是任意的、非常规的，具有随意性、偶然性。要使社会在正常状态下令一部分人平稳地从下层步入上层，为统治集团提供新鲜的血液，就需要在制度上建立起一种机制。这就是中国古代社会成员流动的第三种方式，也是最主要的一种方式，即以士人集团为主的选官制度。

春秋战国时代是一个大变革、大流动的时代。士作为贵族等级中地位最低、平民等级中地位最高的一个特殊阶层，在春秋以前具有相对的稳定性。到了战国，由于社会的剧烈变动，士处于上下阶层流动的交汇处，贵族败落而为士，下层成员上升也为士，而士本身又不固定，它是官僚的候补者，因此，士阶层的活跃说明战国时代社会流动性的大大增强和等级关系的活化。战国时代列国的宰相中多有出身寒微者，如齐国邹忌，秦国甘茂、范雎、蔡泽，楚国吴起，韩国申不害，赵国虞卿、廉颇，皆为士或更卑微的"贱臣"出身；魏国丞相也有多人出自寒微。这些出身下层的人，靠才能跻身于上层，正如荀子所说："虽庶人之子孙也，积文学，正身行，能属于礼义，则归之卿相士大夫。"（《荀子·王制》）就孔子弟子来说，大多出身低贱，但他们却在当时的政治领域颇为活跃，且各有成就。

再以知识阶层来说，当时的士人也有许多来自社会下层。如《吕氏春秋·尊师》记载："子张，鲁之鄙家也；颜涿聚，梁父之大盗也，学于孔子。段干木，晋国之大驵也，学于子夏。高何、县子石，齐国之暴者也，指于乡曲，学于子墨子。索卢参，东方之巨狡也，学于禽滑黎。此六人者，刑戮死辱之人也，今非徒免于刑戮死辱也，由此为天下名士显人，以终其寿，王公大人从而礼之，此得之于学也。"在战国变革的社会中，凭借才能就有可能改变自己的等级地位，因此重学成为一时之盛。《吕氏春秋·博志》又记载："宁越，中牟之鄙人也，苦耕稼之劳，谓其友曰：'何为而可以免此苦也？'其友曰：'莫如学。学三十岁则可以达矣。'宁越曰：'请以十五岁。人将休，吾将不敢休；人将卧，吾将不敢卧。'十五岁而周威公师之。"《韩非子·外储说左上》说："故中章、胥己仕，而中牟之民弃田圃而随文学者邑之半。"这些记载或有夸张，但可以说明士阶层，尤其是其中的士人知识分子，是社会等级中下层成员流入上层、改变等级地位的中介。在这一过程中，由孔子开创的大兴私学、实行"有教无类"的主张，倡导尚贤的风气，起了推波助澜的作用。可以说，战国时期的百家争鸣，就是以士阶层的活跃为基础的。因此，在先秦时期，随着社会流动性的增强，形成了战国时期思想文化的空前繁荣。

汉代以后，从察举、征召制，到魏晋时期的"九品中正制"，直至隋唐以后的科举制，逐渐开始从制度层面为士人的向上流动建立正常的渠道，形成了古代社会制度性的流动特征，以至有学者把秦汉至晚清的社会称为"选举社会"[1]，这至少说明士人的正常向上流动已经纳入了社会的常态。我们根据当代学者对汉代至晚清官僚的社会构成的研究，可以看出中、下层士人向上流动的概况。

根据黄留珠教授整理的两《汉书》及主要汉碑材料，可对两汉孝廉307人进行考证研究，其中能确定家世的有184人。这184人中，出身官僚贵族的有128人，占69.6%；出身富豪的有11人，占6%；出身平民的有29人，占15.7%；出身贫民的有16人，占8.7%[2]。平民与贫民出身的孝廉约占三分之一，虽然没有贵族富豪占的比例大，但还不能据此认为汉代的举孝廉制度是一种"变相的官贵子弟世袭制"。因为在古代，官僚贵族子弟总是比一般平民有更多的受教育机会和入仕机会，他们被举主要还是因为自己的德行、经术等，并不主要靠父祖的势位和贵族身份[3]。所以，在两汉察举制度

---

[1] 何怀宏：《选举社会及其终结：秦汉至晚清历史的一种社会学阐释》，北京：生活·读书·新知三联书店，1998年。
[2] 参见黄留珠：《秦汉仕进制度》，西安：西北大学出版社，1985年，第142—143页。
[3] 参见阎步克：《察举制度变迁史稿》，北京：北京师范大学出版社，2021年，第26页。

下，士人还是有一定的上升流动渠道的。曹魏时期，据阎步克教授的考证，共得察举入仕者46人，其中高官贵戚子弟占32.6%，中级官僚子弟占17.4%，下级官吏子弟占15.2%，普通士人占34.8%。在"普通士人"中，又有10.9%的人父、祖在汉代任过官职，所以真正属于无官职的"普通士人"占23.9%，与两汉接近。西晋被察举的士人出身，在所得131例中，高官贵戚子弟占16.8%，中级官僚子弟占20.6%，下层士人占32.1%，蜀吴亡国以后被察举的士人占30.5%。如果除去作为绥抚手段被察举的蜀吴士人，则高官贵戚子弟占24.2%，中级官僚子弟占29.7%，下层士人占46.1%。这一比例说明士人的向上流动比以前有所加强。但由于当时察举的重要性已经下降，官僚子弟大多已不由察举入仕，所以下层士人入仕约占一半的比例，故还不能说明他们在政治上也占有如此的重要地位[1]。

东汉以后，随着世家大族的发展，尤其是东晋南朝时期形成的门阀政治，使贵族政治一度回潮，社会等级逐渐固化，造成了门第间的森严等级，寒门素族入仕的机会降到了秦汉以来的最低点。

隋唐以后，随着科举制的推行，创造了一种相对来说平

---

[1] 参见阎步克：《察举制度变迁史稿》，北京：北京师范大学出版社，2021年，第166—173页。

等的入仕机会，更是形成了一种稳定的社会流动渠道，使更多的下层士人可以通过科举一途流入上层。据学者研究，唐代高级官僚中，特别是宰相中，科举出身的比例逐渐上升，唐太宗时期为3.4%，唐高宗时期为25%，武则天时期达到50%。之后的比例更高，宣宗时期宰相23人，进士出身占87%[1]，所占比例在有唐一代最高。又据对新旧《唐书》所载830名进士出身的统计，士族子弟约占71%；小姓约占13.13%；寒素子弟132人，占15.90%[2]。这些数字表明，世族出身的官僚虽然仍占大多数，但中、下层出身的士人也占到约三分之一。宋代素有"取士不问家世"（《通志·氏族略》）的说法。随着旧的世家大族的消亡，科举考试取消了门第的限制，更多的中、下层出身的士人通过科举进入仕途。北宋仁宗时期13榜进士中的第一人有12人出身平民。南宋理宗宝祐四年（1256）《登科录》中所载三代履历完整的进士570人，其中三代未仕者307人，占53.9%；父亲一代（包括宗室）入仕者129人，占22.6%，且官职多属低品[3]。又据孙国栋的研究，北宋入《宋史》的官员有46.1%来自寒族。

---

1 参见黄留珠：《中国古代选官制度述略》，西安：陕西人民出版社，1989年，第200—204页。
2 毛汉光：《唐代统治阶层社会变动》，参见何忠礼：《科举制度与宋代文化》，《历史研究》1990年第5期，第121页。
3 参见何忠礼：《科举制度与宋代文化》，《历史研究》1990年第5期，第121页。

南宋的比例更高[1]。这些数据显示出唐宋以来社会的流动性逐渐加强。

对于明清进士的社会出身及其所反映的社会流动，何炳棣先生有深入的研究。他把明清时期获得科举功名者的社会出身分为三大类：A类指家庭上三代未获得任何生员以上科举功名者，B类指家庭上三代只产生过一个或一个以上生员者，C类指家庭上三代获得过一个或一个以上较高功名者。据他对12226名进士的研究，明代A、B两类平民出身的进士占到50%，其中明初的比例最高，达58.2%，后期逐渐下降。清代A、B两类平民出身的进士占到37.2%，后期也逐渐下降。何炳棣还统计了晚清举人和贡生的社会构成，其中出身平民的也约占一半[2]。

由于资料的限制，以上这些统计数据不一定完全准确，但其反映的趋势则大体不错，即自汉代以来，随着选举制度化的发展，有相当数量的下层士人以自己的德行、才能步入仕途，进入上层，成为统治阶层源源不断的后备力量。尤其是实行科举以来，这种流动的绝对比值一般约在10到60之间，平均值为28.88%。在科举考试恢复初期，特别是在新王

---

1 孙国栋：《唐宋之际社会门第之消融》，《新亚学报》第4期（1959年8月）。参见何怀宏：《选举社会及其终结——秦汉至晚清历史的一种社会学阐释》，135页。
2 参见（美）何炳棣：《明清社会史论》，徐泓译，北京：中华书局，2019年，第119—160页。

朝建立之初，进士的家庭出身比较低，社会流动达到最高水平，接近 60%。随着时间的推移，这种流动又会减弱[1]。这种流动的程度虽然或有变化，但社会的流动性已被纳入社会的结构当中，成为一种制度性的流动，这是中国古代等级社会的一个显著特征。

当然，中国古代以科举制为代表的社会流动机制虽然增强了社会的流动性，在一定程度上有某些平等化的趋向，但总体上并没有改变传统社会的等级特质。但是从另一个角度来看，正如社会学的研究所表明的，社会的分层与社会的整合往往是密切联系在一起的。中国古代为士人提供的社会流动渠道，创建的社会流动机制，尤其在思想观念中普遍存在的举贤尚贤的思想，有利于社会秩序的稳定，同时也增强了社会结构的韧性。这一点对于中国古代历史文化的发展尤为重要。尽管从整体上来看，通过科举入仕的士人在整个社会当中的比例是极低的，但是由于科举制为官僚阶层提供了稳定的人力来源，不断更新着官僚和士大夫阶层，而他们对于维护社会的主流价值观、维系社会的稳定，又具有举足轻重的作用。因此，中国历史上形成的正式的社会流动渠道，为下层的士人提供了一条稳定的上升渠道，从而抑止甚至抵消

---

[1] 参见冯尔康主编：《中国社会结构的演变》，郑州：河南人民出版社，1994 年，第 763 页。

了剧烈社会变动的可能性，维护了社会结构和秩序的稳定，在社会整合方面发挥了独特的调适功能。在中国古代历史上，社会的动荡往往是由于社会流动不畅造成的。社会动荡带来的必定是人民生命的损失和文明的破坏，稳定的社会秩序则必定能营造和平的社会环境，这是社会发展和创造文明成就的前提。因此，我们应当从中国古代社会整体的角度来考察社会结构当中正式、稳定的流动渠道，评价其对于推动历史发展、塑造中国古代辉煌文明成就的历史贡献。

第四节 丝绸之路——中华文明和平性的历史呈现

习近平总书记指出："中国汉代的张骞肩负着和平友好使命，两次出使中亚，开启了中国同中亚各国友好交往的大门，开辟出一条横贯东西、连接欧亚的丝绸之路。"[1]丝绸之路是中外文化交流的象征，也是中国古代与世界和平交往的典范。

---

1 习近平：《论坚持推动构建人类命运共同体》，北京：中央文献出版社，2018年，第42页。

在跨越上千年、横亘数万里的古代丝绸之路上，往来的不仅是丝绸、瓷器、茶叶以及宝石、香料、珍禽异兽，还有东西方思想文化的流动与交融。丝绸之路是中外文明交流互鉴之路，也是和平友谊之路。正如习近平总书记指出："古代丝绸之路是一条贸易之路，更是一条友谊之路。在中华民族同其他民族的友好交往中，逐步形成了以和平合作、开放包容、互学互鉴、互利共赢为特征的丝绸之路精神。"[1]

其实，文明的交流伴随着人类历史的发展从未停止过，东西方文化的交流在丝绸之路开通之前就一直存在。草原之路与绿洲之路是丝绸之路出现之前东西方文化交流的具体表现。

草原之路一般是指始于中国北方，经蒙古高原逾阿尔泰山和准噶尔盆地进入中亚北部哈萨克草原，再经里海北岸逾黑海北岸到达多瑙河流域的通道。古代的游牧民族经常利用此通道迁徙往来。绿洲之路位于草原之路南部，是分布于大片沙漠和戈壁之中的绿洲城邦国家开拓的通道，由连接了各个绿洲的一段段通道和可以通过高山峻岭的一个个山口衔接而成，这条通道逐渐成为欧亚大陆间东西往来的交通干线。

绿洲之路也称作"玉石之路"，这是因为先秦时期这条

---

[1] 习近平：《论坚持推动构建人类命运共同体》，北京：中央文献出版社，2018年，第339页。

道路上输送的重要物品主要是来自西域的玉石。玉在中国文化中占有重要的地位。多年考古研究表明，中原的玉器至少有七千多年的历史，其中很多玉器的原料都是产自和田的软玉。中国古代很早就将昆仑之玉作为宝物。早期经典《管子》《山海经》等都记载了中原地区的玉多取自和田、昆仑等地。已出土的商代玉器则确然以和田玉占绝大多数。商周玉器并不产自内地，和田玉石与阿尔泰玉石正是通过这条绿洲之路流传到中原地区的。

无论是草原之路还是玉石之路，都是早期历史上东西方文明交流的通道，也见证了东西方文明的交流与互鉴。而丝绸之路则后来居上，随着张骞的"凿空"，开辟出一条东西方文明交流的新的路径，"它标志着中西交流史上一个新时代的开始，并对后来东西方文明的发展有着深远意义"[1]。

"丝绸之路"是德国著名地理学家李希霍芬（F. von Richthofen）命名的，他将从公元前114年到公元127年间，中国与河中地区以及中国与印度之间，以丝绸贸易为媒介的这条西域交通路线称为"丝绸之路"。后来，德国历史学家赫尔曼（A. Herrmann）又主张，将丝绸之路的西端延伸到地中海沿岸和小亚细亚。赫尔曼的观点得到一些西方汉学家的支持，从而逐渐被学界所接受。19世纪末20世纪初，一些

---

[1] 张国刚：《中西文化关系通史》，北京：北京大学出版社，2019年，第31页。

西方探险家在其著作中广泛使用"丝绸之路"这个名称,还把古代中原地区与西方以丝绸贸易为代表的文化交流所能达到的地区都包括在丝绸之路的范围之内,这就不仅使"丝绸之路"这个概念更加深入人心,还进一步扩大了其空间、时间和内涵。这样,"丝绸之路"就成为从中国出发,横贯亚洲,进而连接欧洲、非洲的通道的总称。

汉唐时期丝绸之路的基本走向,陆路是从长安或洛阳出发,经河西走廊、塔里木盆地,越过帕米尔高原,进入中亚、伊朗、阿拉伯地区和地中海世界;海路则是从东南沿海出发,经南海、马六甲海峡,到达印度洋西岸,再到波斯湾、阿拉伯半岛、红海和地中海,甚至到达北非东岸。

唐代后期,直至五代宋辽金元时期,中国历史上又出现了南北分裂的局面。先是五代与南方诸国的分裂,后来又是辽、金与宋的对立。南北政权长期对峙,这种局面也影响、阻碍了西北陆路的中外交流。但是这一时期宋朝的海外贸易逐渐开始兴盛起来。宋元时期,随着航海技术的进步,宋朝社会经济的高度繁荣,中国和海外各国的海上贸易也特别繁荣,和许多国家通过海上交通建立了联系。汉唐时期发育起来的海上丝绸之路也得以实现空前的扩展。

中国通过海路同世界各地交往。据《新唐书·地理志七下》所记之"广州通海夷道",在唐代就可以从广州出发到达斯里兰卡，然后再从斯里兰卡前往阿拉伯海以至非洲东海岸。宋元时期的海路交通高度繁荣，对外贸易空前活跃发达，当时的泉州港是世界上最大的港口。这一时期的海外贸易以瓷器、茶叶、丝绸、布帛等物品的出口为主，进口物品则主要是珍宝、香料等奢侈品。因此，海上丝绸之路也被称作"香瓷之路"。

宋元时期不仅通过海路发展贸易，同时也积极通过海路同东南亚、南亚以及阿拉伯等地的国家和地区建立睦邻友好关系。如《宋史·外国传》记载，交趾、占城、真腊、蒲耳等东南亚诸国，"自刘铱、陈洪进来归，接踵修贡。宋之待遇亦得其道，厚其委积而不计其贡输，假之荣名而不责以烦缛；来则不拒，去则不追；边圉相接，时有侵轶，命将致讨，服则舍之，不黩以武"。这说明当时的宋朝政府与这些东南亚国家维持的是朝贡关系，而不是以武力相威胁。对于在海上贸易中有重要地位的国家，宋朝政府更是以封赐、厚赠等措施主动修好。例如，据《宋史》记载，宋朝政府在真宗咸平六年（1003）和神宗元丰年间（1078—1085）对中西海路贸易中的重要中转站、苏门答腊岛上的古国三佛齐有巨额馈赠，并满足其为本国佛寺赐名赐钟的要求，诸种优待使三佛齐在两宋入贡三十多次（参见《宋史》卷四八九《外国传五·三佛齐传》）。"这种睦邻友好的外交政策，对两宋时期的海上贸易发展有重大影响。"[1]

与宋朝类似，元朝政府也致力于通过海路与东南亚、南亚和西亚各国积极拓展关系。1278年，元朝灭南宋以后，忽必烈曾先后两次出兵东南亚的安南、缅甸、泰国、占城、爪哇等地，但最后以元的失败告终。忽必烈去世以后，即位的元成宗停止了对东南亚的军事进攻，这些国家也相继向元朝遣使朝贡，彼此维持和平友好的外交关系。[2]

无论是陆上丝绸之路还是海上丝绸之路，都不仅是古代重要的商贸交通要道，更是古代东西方文化交流的通道。丝绸之路体现的是文化的交流融合，文化融合的背后则是和平。在历史上，虽然丝路沿线几个强大的国家之间的战争对于中西文化的交流起过促进作用，但战争毕竟不可持续，也非人类历史的常态，和平的文化交流与融合，对东西方文化的贡献和意义才更大。荣新江教授在研究古代丝绸之路上的宗教文化交流融合时指出："丝绸之路上的古代王国，往往对各种宗教和文化采取兼容并蓄的态度，使得多种宗教文化有时共存于一城一镇，它们互相包容，你中有我，我中有你。"事实上，从丝绸之路上的宗教文化融合来看，"占据主流地位的并非各种宗教信仰之间的对立和冲突，而是它们之间的

1、2 参见张国刚：《中西文化关系通史》，北京：北京大学出版社，2019年，第131页。

混同与共处",这种文化现象在"人类文明的十字路口"的中亚地区表现得更为明显,也更为典型,而且也是丝绸之路上宗教文化的主流现象。在这里,"不同的信仰之间,虽然也存在着对立和竞争,大多数情况下,则是相安无事、和平共处"[1]。

这里所说的是以宗教现象作为古代丝绸之路上文化融合的典型。除此之外,更多的文化交流融合都是在历史的长河中,平和、不知不觉地发生的,其持久力、影响力更大,渗透到东西方人民文化生活的方方面面。中国的丝绸、瓷器以及四大发明,都是通过丝路传到世界各地的,不但受到各地人民的喜爱,同时也影响甚至改变了西方文化的发展,如造纸术彻底改变了西方国家用皮革、纸草等作为书写材料的历史,对世界文明作出了巨大的贡献。

同样,来自西方的各种物品、文化,也影响了中国人民的生活与文化。丝路上的商旅和僧侣,带来了西方的医学、天文、历法、数学等知识,丰富了中国传统的知识体系。来自西域的良马,自西汉以来就是中原王朝的珍贵之物,如唐太宗特别钟爱的六匹骏马("昭陵六骏")很有可能就来自中亚地区。南北朝时期,印度的制糖技术随着来华的僧人而

---

[1] 荣新江:《丝绸之路与东西文化交流》,北京:北京大学出版社,2022年,第327—329页。

传入中国，唐代的政府和民间不断有人去印度学习制糖；到了明代，中国的精炼白糖技术已经处于世界领先水平，产品开始大量出口。糖的甜蜜不但丰富了中国人的饮食，同时也滋养了全世界人民的精神世界。汉唐时期，来自西域的音乐、舞蹈大量传入中国，丰富了中国人的精神生活，还使中国传统的音乐体系发生了很大的改变，无论是宫廷的雅乐，还是市井的流行音乐，都受到胡乐的影响。西域的胡舞，节奏明快，动作奔放，很受当时社会的欢迎，同时也影响了中国传统的舞蹈，胡汉舞蹈逐渐融合，更加适应中国文化的审美要求。来自西域的胡椒、生姜、葡萄、小麦、甘蔗、茄子、石榴、豌豆、芝麻、黄瓜、菠菜、无花果、西瓜、南瓜、胡萝卜等蔬菜水果，都在汉唐时期引进到中原地区，丰富了中国人的食谱。西域的饮食、服饰、娱乐活动等不仅传入了中原，而且在唐代的长安形成了时尚。诸如此类，无不表明通过丝绸之路，各种思想、艺术以及物质文化，都在交流碰撞，相互融合，这种持久的文化交融，在更深的层次上影响了中外历史与社会生活。这种平和共处与相互融合的局面，典型地体现了"丝路精神"。因此，丝绸之路是文化交流、文化融合的象征，同时也是和平友谊的象征。

在中外文化交流史上，以和平的方式沟通、加强中外文化交流，尤以明代的郑和七下西洋为典型代表。郑和下西洋不仅是当时航海的创举，比哥伦布发现美洲大陆还要早数十年，而且通过造访东南亚、南亚、西亚等国家，加强了与这些国家的政治、文化交往。

明朝建立以后，首先关注的是稳定国内秩序和恢复生产。洪武二年（1369），朱元璋宣布朝鲜、日本、大琉球、安南、小琉球、真腊、暹罗、占城、苏门答腊、西洋、爪哇、湓亨、百花、三佛齐、渤泥等十五国为不征之国，并多次派遣使团到海外诸国建立联系，确立了以和平为主的外交政策。但在对外贸易方面，则实行了比较保守的封闭政策，放弃了宋元时期的市舶传统，废除了宁波、泉州、广州等地的市舶司，采取消极的朝贡贸易方式。除此之外，明朝还实行严格的海禁政策，禁止私人从事海外贸易。[1]

由于长期实行海禁政策，中国与海外诸国的关系逐渐疏远甚至破裂，关系变得非常紧张，这也影响到了中国在海外的声望。因此，明成祖朱棣即位之后的第二年（1403）就开始派遣使者出使安南、爪哇等国，恢复与各国的"贡使"。

永乐三年（1405），郑和第一次出使西洋，率宝船62艘，士卒27800多人，经占城、爪哇、旧港（今苏门答腊巨港）、锡兰山（斯里兰卡），最后到达古里（今印度半岛南端之卡利卡特），并于永乐五年（1407）回国。

---

[1] 参见张国刚：《中西文化关系通史》，北京：北京大学出版社，2019年，第134页。

郑和于1407—1409年间和1409—1411年间，又两次出使西洋，最后都以古里作为终点站。在这三次航行中，郑和访问的国家有满剌加（马六甲）、榜葛剌（孟加拉邦）、锡兰山、溜山（马尔代夫）、苏门答腊、古里、小葛兰（印度奎隆）、阿鲁（苏门答腊西部）、占城、暹罗、加异勒（印度南部纳加尔考耳一带）、甘巴里（印度南部摩林角）、柯枝（今印度柯钦）等，在第一次回国途中，苏门答腊、古里、满剌加、小葛兰、阿鲁等国都派使者来华朝贡，达到了"怀柔远人"的目的。

永乐十年（1412），明成祖再次派遣郑和出洋，并扩大航海范围。这次郑和到达了古里之后，继续向西北航行，到达了波斯湾，之后又访问了阿拉伯半岛南部的阿丹（也门亚丁）、东非的木骨都束（索马里摩加迪沙）、不剌哇（索马里巴拉韦）、麻林（肯尼亚马林）等地，并于永乐十三年（1415）回国。之后郑和又完成了三次远洋航行。

郑和七下西洋，明确记载的有四次。郑和所下的"西洋"，基本是今天的南海和印度洋沿岸国家和地区，前三次基本在东南亚和南亚一带，后四次到达了阿拉伯半岛和非洲东海岸。对所到之国都进行了大量的赏赐，招徕一些国家来中国朝贡。这些海外诸国来华时也带来了大量的珍禽异兽，如麻林国在1415年献的长颈鹿被当时人认为是瑞兽"麒麟"，这也被认为是政通人和的象征，因此得到明成祖的高度重视。总之，郑和下西洋具有重要的历史意义，"促进了明朝与亚非诸国的交往关系，确立了明朝友好和平的外交形象，加强了亚非国家间的经济文化交流"[1]。

当然，郑和下西洋是以宣扬大明的德威，维系朝贡体制为主要目的的，政治动机远远大于商业动机。郑和之后的一百年左右，哥伦布发现美洲大陆，麦哲伦实现环球航行，人类历史进入了全球的海洋时代，但同时也开始了殖民主义的扩张。相比较而言，"郑和在海外未劫掠任何财物，未侵占一寸土地，更未驻一兵一卒，这与半个世纪后东来的西方殖民者形成鲜明的对比"[2]。这也鲜明地体现了中华文明突出的和平特性。

总而言之，中华文明追求和平、和睦、和谐的理念源远流长，体现在中国历史的各个方面。中国古代发达的农耕文化孕育了中华文明崇尚和平的理念，是中华文明所具有的和平性的基础。中国历史发展过程中形成的家族制度和正式、稳定的社会流动渠道是和平性得以不断发展的保障，对于中华文明形成和谐、和平的理念起到了重要作用。中华文明崇尚和平、和谐，主张"己所不欲，勿施于人"，因此在与其他文明的交流过程中，始终秉持和平合作、开放包容、互学

---

[1]、2　张国刚:《中西文化关系通史》，北京：北京大学出版社，2019年，第141页。

互鉴、互利共赢的理念,这在丝绸之路上得到了充分的体现,这在今天依然具有重要意义和启迪。

第二章
中华文明和平性的思想内涵

中华文明历数千年发展而延续至今,中华民族热爱和平、崇尚和平是中华文明从未中断的一个重要原因。正如习近平总书记指出的:"中华文明具有突出的和平性。和平、和睦、和谐是中华文明五千多年来一直传承的理念,主张以道德秩序构造一个群己合一的世界,在人己关系中以他人为重。"[1]中国文化热爱和平,在国际交往中主张各国和平共处,文化交流互鉴,这种和平主张是根植于中国哲学与中国文化之中的。中国哲学中蕴含的丰富的中和、和谐思想,决定了中华文明所具有的突出的和平性。因此,要进一步理解中华文明的和平特性,必然要深入到中国哲学思想当中去作分析。

---

[1] 习近平:《在文化传承发展座谈会上的讲话》,《求是》2023年第17期,第6页。

第一节 "和平"释义

和平的核心是"和"。"和"字最晚在金文中就已出现。《说文》:"和,相应也,从口,禾声。"这应该是"和"字的本义。与"和"字相关的还有"龢"字,学界对于二字的关系还有一些不同的看法。其实王力已经明确地指出:"音乐和谐本写作'和',后来写作'龢',以区别于和平的'和'。"[1]因此,"和"是本字,它的含义就是声音相应、配合,此起彼伏,声音的和谐是"和"字最初的意思。《尚书·尧典》中所说的"八音克谐,无相夺伦,神人以和",就是指用和谐的音乐来歌颂、祭祀神灵,这应当是"和"最初所具有的意义和功能。

"平",《说文》:"语平舒也。从亏,从八。八,分也。""平"是一个会意字,语气平缓之义。杨树达认为,"平"与"乎"字相关。"乎"作为语气词在甲骨、金文以及《尚书》中比较少见。《说文》:"乎,语之余也。从兮,象声上越扬之形也。"按照杨树达的解释,"乎"作为语末助词是后起之义,"乎"的本义为呼召,"呼召必高声用力,故字形象声

---

[1] 王力:《同源字典》,北京:中华书局,2014年,第20页。

上越扬,犹曰字表人发言,字形象气上出也"[1]。而"平"字之构造与"乎"相似,"字盖从兮,上一平画,象气之平舒,此犹乎之上画象声上越扬也"[2]。又《说文》释"亏"字:"象气之舒亏。从丂,从一。一者,其气平之也。"杨树达认为,这正说明了"平"字之本义。由此可知,"平"之本义就是指气之平缓,相当于今日所说的心平气和。

贵和、尚和的思想贯穿在中国早期的核心经典中。《周易·乾·彖传》说:"保合大和,乃利贞。首出庶物,万国咸宁。""大和"即"太和"。按照《周易》的说法,天有元亨利贞四德,有四时、昼夜、阴晴等各种变化,而皆有其规律,保合太和之景象,故能始生万物,普利万物,并达到万国皆安定和平的境界。《周易·咸·彖传》又说:"天地感而万物化生,圣人感人心而天下和平。"按照《彖传》的解释:"咸,感也。""咸"卦就是阴阳相感应以共处。具体来说,天地以阴阳二气交感,因而万物化生。圣人以其德感化人心,于是天下和平。

《易传》主要讲的是自然哲学。按照《彖传》的说法,天地阴阳自然的和谐是宇宙万物的基本规律,圣人将这个基本规律运用于人类社会,就能带来天下的和平。

---

[1] 杨树达:《积微居小学述林全编》卷二《释乎》,上海:上海古籍出版社,2013年,第94页。
[2] 同1,第141页。

《尚书·尧典》:"协和万邦",今文作"协和万国",《史记·五帝本纪》作"合和万国"。司马迁以"合"训"协"。《说文》:"协,众之同和也。"王充《论衡·艺增》说:"《尚书》'协和万国'是美尧德致太平之化,化诸夏并及夷狄也。"从经学的角度来看,"今文说以万国为实有万国,非虚数也"[1]。但王充认为言"万国"是"褒增过实",并非实数,皮锡瑞认为"盖欧阳说,与班孟坚、夏侯说不同"[2]。这里牵涉到《尚书》今文学内部欧阳和夏侯两派的不同解释,这个问题暂且不论,但王充同时又说,"'万'言众多",《尚书》说尧"协和万国",是"言尧之德大,所化者众,诸夏夷狄,莫不雍和,故曰'万国'"。从思想史的角度来看,对于"协和万国"的理解不必拘泥于是否实有万国,这里的"万国"和"九族"一样,是对尧的颂美之辞,即尧使天下万邦同和。

《诗经·商颂·那》是一首祭祀商汤的诗。其中写道:"鼗鼓渊渊,嘒嘒管声。既和且平,依我磬声。"这里的"和"指音节和谐,"平"是正的意思,是指乐声高低大小适中。《国语·周语下》记载伶州鸠之言曰:"乐从和,和从平。声以和乐,律以平声。"又说:"声应相保曰和,细大不逾曰平。"韦昭注:"和,八音克谐也。平,细大不逾也,故可以平民。"[3]

1、2 皮锡瑞:《今文尚书考证》,北京:中华书局,1989年,第13页。
3 《国语·周语下》,上海:上海古籍出版社,1988年,第128页。

由此可见,"和""平"是指音乐的和谐。郑玄《笺诗》曰:"堂下诸县与诸管声皆和平,不相夺伦,又与玉磬之声相依,亦谓和平也。"孔疏进一步解释说:"奏此大乐,以祭鬼神,故得降福,安我所思而得成也。思之所成者,正谓万福来宜,天下和平也。又述祭时之乐,其鼖鼓之声渊渊而和也。嘒嘒然而清烈者,是其管籥之声。诸乐之音,既以和谐,且复齐平,不相夺伦,又依倚我玉磬之声,与之和合。以其乐音和谐,更复叹美成汤,於乎!赫然盛矣者。"[1]

《诗经·小雅·鹿鸣》:"鼓瑟鼓琴,和乐且湛。""湛"的本字为"媅",《说文》:"媅,乐也。"《毛传》:"湛,乐之久。"[2]《诗经·小雅·宾之初筵》:"籥舞笙鼓,乐既和奏。"孔疏:"古之行燕礼也,作乐以助欢心,使人秉籥而舞,与吹笙击鼓音节相应。乐既和,奏之,音声甚得其所。"[3]这都是指音乐的和谐美妙。

《诗经·周颂·有瞽》是一首宗庙祭祀祖先的诗。《毛序》说:"《有瞽》,始作乐而合乎祖也。"孔疏:"《有瞽》诗者,始作乐而合于太祖之乐歌也。……合诸乐器于太祖之庙,奏之告神,以知和否。"[4]诗中描述了周代庙堂中祭祀奏乐的

---

[1] 《毛诗注疏》,上海:上海古籍出版社,2013年,第2113—2114页。
[2] 同1,第796页。
[3] 同1,第1266页。
[4] 同1,第1955页。

盛况。高亨说:"这篇是周王大合乐于宗庙所唱的乐歌。大合乐于宗庙是把各种乐器会合一起奏给祖先听,为祖先开个盛大的音乐会。"[1]《有瞽》诗中说:"喤喤厥声,肃雍和鸣,先祖是听。"《礼记·乐记》引《诗》"肃雍和鸣,先祖是听",并说:"夫肃肃,敬也。雍雍,和也。夫敬与和,何事不行?"郑玄注:"言古乐敬且和,故无事而不用。"[2]这是说古乐的庄严肃穆与和谐。

《诗经·小雅·伐木》:"神之听之,终和且平"。《伐木》是一首宴享朋友故旧的诗。孔疏解释说:"鸟既迁高木之上,又嘤嘤然,其为鸣矣,作求其友之声。以喻君子虽迁高位,而亦求其故友。……君子为此而求友也,既居高位而不忘故友,若神明之所听祐之,则朋友终久,必志意和且功业平。"[3]孔疏将"终和且平"解释为"志意和且功业平",这是说朋友不忘故旧,则神明也会保佑他们友谊长存,事业发达。

从早期中国经典中关于"和"的论述可以看出,"和平"的本义是指声音与音乐的和谐美妙,由此又引申出了阴阳和谐、礼乐和谐以及社会政治和平等诸多含义。这是中国思想中对和平、和谐的最为基本的理解。此后中国思想史上对和平的诸多解释,都是以此为基本思想而展开的。

---

1 高亨:《诗经今注》,上海:上海古籍出版社,2017年,第643—644页。
2 (唐)孔颖达:《礼记正义》卷四十八,上海:上海古籍出版社,2008年,第1528页。
3 《毛诗注疏》,上海:上海古籍出版社,2013年,第820页。

第二节　中和之道

在中国思想文化史上，和平思想首先表现为人内心的平静，身心表里内外的和谐。这是所有思想流派都追求达到的一种理想境界，其中尤以儒家的君子人格最为典型。

按照中国早期思想的理解，人作为生物体的存在主要是由气所决定的，而且人的各种情感欲望也都是由气所引起的。《左传·昭公十年》记载："凡有血气，皆有争心。"孔子说"少之时，血气未定，戒之在色；及其壮也，血气方刚，戒之在斗；及其老也，血气既衰，戒之在得"（《论语·季氏》），也是这个意思。荀子说："有争气者，勿与辩也。"（《荀子·劝学》）孟子说："气，体之充也。"（《孟子·公孙丑上》）赵岐注："气，所以充满形体为喜怒也。"[1] 可见，由气所决定的形体是喜、怒、哀、乐以及争强好胜等各种情感产生的基础。

还有一种看法认为，人的情感欲望是由外物所引起的。如说"人之心动，物使之然也"（《礼记·乐记》）。人随时处在与世间万物的交往之中，内心自然会产生喜、怒、哀、乐、敬、爱等各种情绪。这些情感"感于物而后动"（《礼

1　《孟子注疏》，北京：北京大学出版社，2023年，第112页。

记·乐记》)。当然,人的情感虽然是由外物所引起的,内在的动因依然还是气。因此需要对这种情感进行节制。孟子说他自己"四十不动心"(《孟子·公孙丑上》),其实就是以道德、理性控制自己的情感欲望。这也就是孟子说的"持其志,无暴其气"。

在中国哲学史上,对于人的情感与理性论述得最为充分的是《中庸》当中提出的"中和之道"。《礼记·中庸》记载:"喜怒哀乐之未发,谓之中;发而皆中节,谓之和。中也者,天下之大本也;和也者,天下之达道也。致中和,天地位焉,万物育焉。"这是说,人的喜怒哀乐之情都是缘事而生,情感未发之时,淡然虚静,心无所虑,皆合情理,这就是所谓的"中";情感表露出来以后,皆符合节限,即礼的规矩和要求,无过无不及,这就是所谓的"和"。郑玄注又说:"中为大本者,以其含喜怒哀乐,礼之所由生,政教自此出也。"[1]郑玄没有解释"和",孔颖达疏曰:"言情欲虽发,而能和合道理,可通达流行,故曰'天下之达道也'。"[2]由此可知,所谓"和"就是人的情感有节制。"致中和,天地位焉,万物育焉",据郑玄的解释,"位,犹正也。育,生也,长也"。孔颖达进一步解释说:"言人君所能,至极中和,使阴阳不错,

---

[1] (唐)孔颖达:《礼记正义》卷六十,上海:上海古籍出版社,2008年,第1988页。
[2] 同1,第1990页。

则天地得其正位焉，生成得理，故万物其养育焉。"[1]这是说，致中和就可以使天地万物各得其所而生长繁育。由此可以看出，中和的重大作用和意义。

在传统儒家看来，"夫民有血气心知之性，而无哀乐喜怒之常"（《礼记·乐记》），人的自然情感喜怒变化无常，因此就要用严肃规整的礼与平和庄重的乐来规范、引导人的情绪。如《乐记》说："是故先王本之情性，稽之度数，制之礼义。合生气之和，道五常之行，使之阳而不散，阴而不密，刚气不怒，柔气不慑。四畅交于中而发作于外，皆安其位而不相夺也。"这里的"度数""礼义"也就是《中庸》所说的"节"。用这些规范来调节人情，这样人的喜怒哀乐情感才能达到真正的平和。因此，礼乐有"合情饰貌"（《礼记·乐记》）的作用，即能使人的情感和谐融洽。如《礼记·檀弓上》记载：

> 子路有姊之丧，可以除之矣，而弗除也。孔子曰："何弗除也？"子路曰："吾寡兄弟而弗忍也。"孔子曰："先王制礼。行道之人皆弗忍也。"子路闻之，遂除之。……伯鱼之母死，期而犹哭。夫子闻之，曰："谁与哭者？"

---

[1] （唐）孔颖达：《礼记正义》卷六十，上海：上海古籍出版社，2008年，第1988、1990页。

门人曰:"鲤也。"夫子曰:"嘻!其甚也!"伯鱼闻之,遂除之。

子路、伯鱼囿于感情,或想延长服丧期限,或服丧期满犹含悲痛,但孔子认为人的情感不宜过于宣泄,而应当以礼为准则,先王制定礼就是用来折衷人的感情,使人的情感与礼的规范保持平衡。

《礼记·礼运》篇的说法更加明确:

何谓人情?喜、怒、哀、惧、爱、恶、欲,七者弗学而能。何谓人义?父慈、子孝、兄良、弟弟、夫义、妇听、长惠、幼顺、君仁、臣忠,十者谓之人义。讲信修睦,谓之人利;争夺相杀,谓之人患。故圣人之所以治人七情,修十义,讲信修睦,尚辞让,去争夺,舍礼何以治之?……故圣王修义之柄,礼之序,以治人情。故人情者,圣王之田也,修礼以耕之,陈义以种之,讲学以耨之,本仁以聚之,播乐以安之。

这里形象地说明,人情就像是一块田地,只有用圣王的礼乐来耕种它,方能有所成就。这也就是所谓的"礼义以为器,人情以为田"(《礼记·礼运》),即用礼义来规范、节制人情。

荀子又说:"性之好、恶、喜、怒、哀、乐谓之情……心虑而能为之动谓之伪。虑积焉、能习焉而后成谓之伪。"(《荀子·正名》)这也是说,要用"伪"对人情进行节制,所以说"伪起而生礼义"(《荀子·性恶》)。圣人"化性起伪",这个"伪"其实也是指礼义规范。因此,荀子又说:"凡用血气、志意、知虑,由礼则治通,不由礼则勃乱提僈。"(《荀子·修身》)"起礼义,制法度,以矫饰人之情性而正之,以扰化人之情性而导之也。"(《荀子·性恶》)这是说用礼来调节人的情绪和情感,否则就会发生错乱、懈怠等不良的结果。"故人一之于礼义,则两得之矣;一之于情性,则两丧之矣。"(《荀子·礼论》)杨注说:"专一于礼义,则礼义情性两得;专一于情性,则礼义情性两丧也。"荀子重礼,他认为人的各种不当的、偏激的性格等,都应当以礼来调节和整治,即"治气养心之术,莫径由礼"(《荀子·修身》)。

礼是外在的行为规范,用礼来规范人的喜怒哀乐等情感,自然会使人的内心情感不致过于任性,由此可以保持一种平衡。同时,儒家还认为,对于人的情感以及性情的影响,音乐可以起到更加重要的作用。《礼记·乐记》说:"乐由中出,礼自外作","乐也者,动于内者也。礼也者,动于外者也",因为乐发自人的内心情感,因此更可以影响人的内在情感。所以《礼记·乐记》说:"乐极和,礼极顺。内和

而外顺,则民瞻其颜色而弗与争也。"这也是说,乐能够影响人的内心,使人的内心平和。《礼记·乐记》中有一段话说得更加明确:

> 夫乐者,乐也,人情之所不能免也。……先王耻其乱,故制《雅》《颂》之声以道之,使其声足乐而不流,使其文足论而不息,使其曲直、繁瘠、廉肉、节奏足以感动人之善心而已矣,不使放心邪气得接焉。是先王立乐之方也。

这里明确地说,为了不使人情放纵,故制《雅》《颂》之乐加以引导,使人情符合礼的规范。另外,《乐记》中"礼以道其志,乐以和其声",《说苑·修文》引作"礼以定其意,乐以和其性",更是明确地指出了礼乐对于性情的引导、调节作用。

综上所述,传统儒家认为,人的情感要符合礼义规范,而不能没有节制地任意宣泄,这就是《中庸》所说的"发而皆中节,谓之和"。这是儒家一致的看法。如果对人的喜怒好恶之情不加节制,则必然会破坏道德,甚至破坏社会的和谐稳定。因此,君子能够"反情以和其志",即用礼乐规范人情,那么就会"耳目聪明,血气和平",形成"文质彬彬"

的君子人格,甚至还会达到"移风易俗,天下皆宁"(《礼记·乐记》)的目的。因此,"致乐以治心,则易、直、子、谅之心,油然生矣。易、直、子、谅之心生则乐,乐则安,安则久,久则天,天则神。天则不言而信,神则不怒而威,致乐以治心者也"(《礼记·祭义》)。礼乐可以培育人的平易、正直、慈爱和诚信之心,陶冶人的性情,提高人的修养,所以说"礼乐不可斯须去身"(《礼记·祭义》)。

《中庸》所说的已发未发与中和思想,不仅是传统儒家所认为的君子人格的体现,同时也在后来中国哲学的发展过程中演变为一个重要的哲学问题。在宋明理学当中,已发未发是理学心性论的重要内容,认为未发是"寂然不动"之体,已发是"感而遂通"之用,未发为体、为性,已发为用、为情,这样的讨论就具有了形而上学的哲学意义了。虽然理学家对这些问题还有更加深入细致的分析讨论,而且也是看法不一,但总体而言,理学家认为通过涵养工夫,可以做到人欲净尽,天理流行,这样的圣人气象和《中庸》中讲到的"致中和"的君子人格在本质上也是一致的。由此也可以看出中和思想在中国哲学史上所具有的丰富的思想含义。

第三节　絜矩之道

中国文化重人伦秩序。中华文明的和平性也体现在中国传统文化当中对和睦、和谐的人伦关系的重视与强调方面。

《尚书·尧典》记载，舜命契"作司徒，敬敷五教"。《左传·文公十八年》记载鲁太史克之言曰：舜"举八元，使布五教于四方，父义、母慈、兄友、弟恭、子孝，内平外成"。父子、兄弟是最基本的人伦关系，这也是"五教"的原义。后来孟子进一步解释说："圣人有忧之，使契为司徒，教以人伦。父子有亲，君臣有义，夫妇有别，长幼有序，朋友有信。"（《孟子·滕文公上》）人伦即"五伦"，《中庸》又称之为"天下之达道五"，即"君臣也，父子也，夫妇也，昆弟也，朋友之交也：五者天下之达道也"。孟子和《中庸》对"五教"增加了君臣与朋友，在血缘亲情的关系之外增加了君臣、朋友两层社会关系，使人伦关系更加全面。"五伦"概括了传统社会基本的人际关系。按儒家的看法，五伦各有其具体的道德规范和义务，但一般来说，维持人际交往最为基本的是忠恕之道，也就是推己及人，只有这样才能维持正常、和睦的人际关系。

20世纪90年代,有一些学者提出"全球伦理",试图在各种文明传统当中寻求一种普遍的伦理原则,尽管遭到了各种批评,但也指出了一个基本的事实,即世界各个民族、文化在人际交往方面,都存在一个普遍的道德法则和底线,就是要求人们都应当"待人如己"。这一条也被称作道德的黄金律。之所以被称作"黄金律",一方面说明它具有普遍性,普遍存在于世界各种文化传统当中,另一方面也说明它是人与人交往的最为基本的原则,甚至是人人都应当遵守的道德底线。这个普遍性的法则用孔子的话来说,就是"己所不欲,勿施于人"。《论语·卫灵公》载:

子贡问曰:"有一言而可以终身行之者乎?"子曰:"其'恕'乎!己所不欲,勿施于人。"

"己所不欲,勿施于人"就是要将对方看作与自己平等的人,不将自己的意愿强加于他人。《论语·公冶长》又记载:"子贡曰:'我不欲人之加诸我也,吾亦欲无加诸人。'子曰:'赐也,非尔所及也。'"何晏《集解》引马融曰:"加,陵也。"又引孔安国曰:"非尔所及,言不能止人使不加非义于己也。"[1]由此可知,这里的"加"就是施加的意思,也有强加的意思,

---
[1] 黄怀信:《论语汇校集释》,上海:上海古籍出版社,2008年,第408页。

所以马融解释为"陵"。按子贡所言，所施加或强加的当然是不合于道德的非义之事。朱子《集注》也说："子贡言我所不欲人加于我之事，我亦不欲以此加之于人。此仁者之事，不待勉强，故夫子以为非子贡所及。"又引程子之言曰："我不欲人之加诸我，吾亦欲无加诸人，仁也。施诸己而不愿，亦勿施于人，恕也。恕则子贡或能勉之，仁则非所及矣。"[1] 程子和朱子认为这里讲的是仁恕之别。仁当然是更高的境界，但这里所说的确实是恕道。

"己所不欲，勿施于人"是从消极的方面来说不能将自己的意愿强加于他人。儒家还从另外一个角度，即从正面的、积极的角度提出他人和自己一样，具有平等的地位和价值，因此不能因自己的意志而妨碍他人。《论语·雍也》记载：

> 子贡曰："如有博施于民而能济众，何如？可谓仁乎？"子曰："何事于仁，必也圣乎！尧、舜其犹病诸！夫仁者，己欲立而立人，己欲达而达人。能近取譬，可谓仁之方也已。"

孔子批评子贡陈义太高，"博施于民而能济众"是连尧、舜都难以达到的目标。而真正践行仁德的方法，就是"能近

---
[1] （宋）朱熹：《四书章句集注》，北京：中华书局，1983年，第78页。

取譬",从切己的行动开始,也就是"己欲立而立人,己欲达而达人"。何晏、皇侃、邢昺等古注皆认为"己欲立而立人,己欲达而达人"和"己所不欲,勿施于人"是一致的。如邢昺《论语注疏》说:"夫仁者,己欲立身进达而先立达他人,又能近取譬于己,皆恕己所欲而施之于人,己所不欲,弗施于人,可谓仁道也。"[1] 朱子也认为这是"以己及人,仁者之心也"[2]。

"己欲立而立人,己欲达而达人"和"己所不欲,勿施于人"的意思是一致的。二者结合起来,就是孔子儒家的忠恕之道。《论语·里仁》记载:

> 子曰:"参乎!吾道一以贯之。"曾子曰:"唯。"子出。门人问曰:"何谓也?"曾子曰:"夫子之道,忠恕而已矣!"

"贯",皇侃解释为"犹统也。譬如以绳穿物,有贯统也"[3]。朱子说:"贯,通也。"[4] 又说:"尝譬之,一便如一条索,那贯底物事,便如许多散钱。须是积得这许多散钱了,却将那

---

[1] 黄怀信:《论语汇校集释》,上海:上海古籍出版社,2008年,第552页。
[2] (宋)朱熹:《四书章句集注》,北京:中华书局,1983年,第92页。
[3] 同1,第338页。
[4] 同2,第72页。

一条索来一串穿,这便是一贯。"[1]朱子的解释和古注是一致的,且更为平实、明确。忠恕是孔子思想的核心。皇侃《义疏》说:"忠,谓尽中心也;恕,谓忖我以度与人也。"[2]朱子解释为:"尽己之谓忠,推己之谓恕。"[3]

忠恕之道又称作絜矩之道。《礼记·大学》说:"所恶于上,毋以使下;所恶于下,毋以事上;所恶于前,毋以先后;所恶于后,毋以从前;所恶于右,毋以交于左;所恶于左,毋以交于右:此之谓絜矩之道。"由此可知,所谓絜矩之道就是推己及人,朱子注:"此平天下之要道也。"[4]

《中庸》又说:"忠恕违道不远,施诸己而不愿,亦勿施于人。"这和"己所不欲,勿施于人"的意思是一致的。《中庸》接着说的"君子之道四",即"所求乎子以事父""所求乎臣以事君""所求乎弟以事兄""所求乎朋友先施之",父子、君臣、兄弟和朋友四层关系,都是从忠恕引申而来的。也就是说,忠恕之道或絜矩之道是可以适用于所有人际交往的基本准则。只有做到了推己及人,不将自己的意愿强加于人,才能维持和睦的人际关系。在传统儒家看来,不仅朋友如此,父子、君臣之间同样应当如此。

---

[1] 黎靖德编:《朱子语类》卷二十七,北京:中华书局,1986年,第684页。
[2] 黄怀信:《论语汇校集释》,上海:上海古籍出版社,2008年,第342页。
[3] (宋)朱熹:《四书章句集注》,北京:中华书局,1983年,第72页。
[4] 同3,第10页。

焦循曾对《孟子》中的"物之不齐,物之情也"作了这样的阐释:

> 惟其不齐,则不得以己之性情,例诸天下之性情,即不得执己之所习、所学、所知、所能,例诸天下之所习、所学、所知、所能。故有圣人所不知而人知之,圣人所不能而人能之。知己有所欲,人亦各有所欲;己有所能,人亦各有所能。圣人尽其性以尽人物之性,因材而教育之,因能而器使之,而天下之人,共包函于化育之中。致中和,天地位焉,万物育焉。是故"人之有技,若己有之",保邦之本也;"己所不知,人其舍诸",举贤之要也;"知之为知之,不知为不知",力学之基也。克己则无我,无我则有容天下之量。有容天下之量,以善济善,而天下之善扬,以善化恶,而天下之恶亦隐。[1]

焦循是清代著名的儒家学者,他的这一段话代表了儒家对于忠恕之道比较完备的解释。焦循认为,每个人都是不同的独立个体,即使圣人也并非全知全能,这是"己所不欲,勿施于人"的基本前提。如果能够尊重每个人不同的能力,平等地对待每个人的各种不同的欲求,那么不但可以做到"致

---

[1] 参见(清)刘宝楠:《论语正义》,北京:中华书局,1990年,第151页。

中和",而且还会隐恶扬善,实现天下大治。由此可见,"己所不欲,勿施于人"作为基本的伦理准则所具有的重要意义。

严复写于1895年的《论世变之亟》曾对中西文化有一些对比,其中提道:"中国道理与西法自由最相似者,曰恕,曰絜矩。然谓之相似则可,谓之真同则大不可也。何则?中国恕与絜矩,专以待人及物而言。而西人自由,则于及物之中,而实寓所以存我者也。"[1]严复对于中西文化的比较还有一些问题,并不十分准确,如中国文化的忠恕之道并非没有"存我"之意,但他指出西方文化崇尚个体自由,而中国文化则重群体的絜矩之道,这一点是准确的,而且也抓住了中国文化的核心。

柳诒徵曾说,"中国文化的中心是人伦",而"中国的人伦是专讲两个人的主义,是两个人对立的"。这里的"对立"是彼此相对待的意思,所以说"中国人是最讲究两个人的道理,然后再推而至于大"[2]。柳诒徵将中国文化的"人伦"或概括为"二人主义":"二人主义者,仁也,即所谓相人偶也"[3]。柳诒徵的这个概括是非常精辟的,抓住了儒学以及中国文化的核心。"仁",《说文》"亲也。从人,从二",

---

[1] 严复:《论世变之亟》,《严复集》第一册,北京:中华书局,1986年,第3页。
[2] 柳诒徵:《对于中国文化之管见》,《柳诒徵文集》第十二卷,北京:商务印书馆,2018年,第287、288页。
[3] 柳诒徵:《孔学管见》,《柳诒徵文集》第十一卷,北京:商务印书馆,2018年,第21页。

就是由二人组成的一个会意字。所以柳诒徵认为，中国文化的"二人主义"不同于个人主义，而是"一人之外，必有他人，由一而二，由二而三，以至无穷"。这也是儒学思想的核心，所以说"孔子之教，个人欲应付多人，必须先从二人做起。其惟一妙法曰恕，所谓'以己之心度人之心'，所谓'己所不欲，勿施于人'者，皆从双方立言。人人奉行此法，则州里蛮貊，无往而不可行矣"[1]。

柳诒徵又说："然第曰恕，则分析人类之分际，犹未精也。于是又析之为五种，曰君臣，曰父子，曰夫妇，曰兄弟，曰朋友。而人之与人相对之类别，尽括于是矣。君臣固不止二人，就一臣对一君言，则二人也。父子亦不止二人，就一子对一父言，亦二人也，兄弟朋友，义亦犹是。故凡一人对于任何一人，能以恕道相处相安，由此即可对大多数之人，亦相处相安。凡对于大多数之人不能相处相安者，必其对于最亲最近之某一人，即不能相处相安者也。"[2] 因此，"二人主义"并非仅是两个人，而是涵盖在所有的人伦关系内。这样看来，人际交往的基本准则"己所不欲，勿施于人"在中国文化当中也就具有了重要的意义。这是形成人际和谐的必要准则。

---

[1] 柳诒徵：《孔学管见》，《柳诒徵文集》第十一卷，北京：商务印书馆，2018年，第20页。
[2] 同1，第20—21页。

第四节 人与自然的和谐

中国古代文明的主体是农业文明，遵从自然的节律是农业文明最基本的法则，因此在中国文明中很早就确立了顺应自然、敬畏自然的观念，这种思想既是保证农业文明可持续发展的必要条件，同时也塑造了中国文化当中人与自然和谐相处的思想，是中华文明和平性当中非常有特色的一个方面。

一般认为，"天人合一"是中国传统哲学的基本观念之一，也是中国文化的重要特征。"天人合一"的思想起源于先秦时期，按照张岱年先生的理解，"所谓天有三种涵义，一指最高主宰，二指广大自然，三指最高原理"[1]。自然之天是天的基本含义，人应当顺应自然也是天人合一的基本内容。据《尚书·尧典》记载，舜曾任命伯益为掌管"上下草木鸟兽"的"虞"官，"虞"就是古代负责山林湖泊生态资源保护的官爵。如《管子·立政》说："修火宪，敬山泽、林薮、积草。夫财之所出，以时禁发焉。使民于宫室之用，薪蒸之所

---

[1] 张岱年：《中国哲学中"天人合一"思想的剖析》，《北京大学学报》（哲学社会科学版）1985 年第 1 期，第 1 页。

积,虞师之事也。"《逸周书·文传解》也记载:"山林非时不升斤斧,以成草木之长。川泽非时不入网罟,以成鱼鳖之长。不麑不卵,以成鸟兽之长。畋渔以时,童不夭胎,马不驰骛,土不失宜。"(按:《太平御览》八十四引此句云:"畋猎唯时,不杀童羊,不夭胎。童牛不服,童马不驰不骛。泽不行害,土不失其宜,万物不失其性,天下不失其时。")这反映了西周时期人们对于自然的态度,即要尊重自然规律,保护生态环境。

后来的诸子百家也都继承了西周以来形成的人与自然和谐的观念。孔子"钓而不纲,弋不射宿"(《论语·述而》)。"纲"是指网上的大绳。皇侃注说:"纲者,作大纲横遮于广水,而罗列多钩,著之以取鱼也。""弋"是缴射。皇侃注又说:"孔子亦缴射,唯白日用事,而不及夜射栖宿之鸟也。所以然者,宿鸟夜聚有群易得多,故不射之也。又恐惊动夜宿,仁心所不忍也。"[1]后来的注解大多是以此说明孔子的仁心。其实,孔子所为也是一种制中之礼。因为竭泽而渔、射杀宿鸟未免太过,不吃鱼、不射鸟又未免不及,所以钓鱼、射鸟而不网鱼、不射宿鸟,是中庸之道,是合乎礼的。后来贾谊的"不合围,不掩群,不射宿,不涸泽"(《新书·礼》),也是承接孔子而来的。

---

1 黄怀信:《论语汇校集释》,上海:上海古籍出版社,2008年,第633—634页。

孟子在陈述他的仁政理想时也指出："不违农时，谷不可胜食也。数罟不入洿池，鱼鳖不可胜食也。斧斤以时入山林，材木不可胜用也。"（《孟子·梁惠王上》）又说："苟得其养，无物不长；苟失其养，无物不消。"（《孟子·告子上》）荀子也说："草木荣华滋硕之时，则斧斤不入山林，不夭其生，不绝其长也。鼋鼍鱼鳖鳅鳣孕别之时，罔罟毒药不入泽，不夭其生，不绝其长也。春耕、夏耘、秋收、冬藏，四者不失时，故五谷不绝，而百姓有余食也。洿池渊沼川泽，谨其时禁，故鱼鳖优多，而百姓有余用也。斩伐养长不失其时，故山林不童，而百姓有余材也。"（《荀子·王制》）荀子这里详细描述的是"圣王之制"，其目的是使百姓生活富裕，且能可持续发展，这些措施在客观上确实起到了尊重自然规律、保护生态环境的作用。

《礼记·王制》篇说："林麓川泽以时入而不禁，夫圭田无征。用民之力，岁不过三日，田里不粥，墓地不请。"又说："五谷不时，果实未孰，不粥于市；木不中伐，不粥于市；禽兽鱼鳖不中杀，不粥于市。""天子不合围，诸侯不掩群"，"獭祭鱼，然后虞人入泽梁；豺祭兽，然后田猎；鸠化为鹰，然后设罻罗；草木零落，然后入山林"。这里说的是"圣王之道"，同样起到了调节人与自然关系的作用。

道家虽然没有像儒家一般提出这么具体的措施，但是老子说:"人法地,地法天,天法道,道法自然。"(《老子·二十五章》)这里的自然是指道本身的状态。从老子的思想主旨来看,道家主张不争、无为、处弱,"以虚无为本,以因循为用"(《史记·太史公自序》),道家在人与自然关系的问题上,主张因循、顺应自然。阴阳五行家提出"人与天调,然后天地之美生"(《管子·五行》),即人类的生产、生活要与自然界的阴阳时序保持协调一致,这样自然界才会有美好的事物产生。阴阳五行家又提出"圣王务时而寄政",即圣王的刑赏政令也要按照阴阳时序来安排。如《管子·四时》说:"唯圣人知四时。不知四时,乃失国之基。不知五谷之故,国家乃路。"注曰:"路,谓失其常居。"王念孙又认为:"'路'与'露'同,败也。"[1]如果不按照四时的节律,就会给社会带来灾难。圣王的行政措施也要符合自然的节律,这在《吕氏春秋·十二纪》以及《礼记·月令》中有非常明确和具体的规定,且对中国历史文化产生了深远的影响。

---

1 参见黎翔凤:《管子校注》,北京:中华书局,2004年,第838、839页。

第五节　致太平

中国传统文化中对于中正平和的君子人格的塑造与追求，对于讲信修睦的人际关系的重视，对于顺应自然、提倡人与自然和谐相处的理念，最终都要归结为平治天下，实现天下的大同。这是中国文化的一个重要特征。司马谈《论六家要指》曰："《易大传》：'天下一致而百虑，同归而殊涂。'夫阴阳、儒、墨、名、法、道德，此务为治者也，直所从言之异路，有省不省耳。"（《史记·太史公自序》）先秦诸子百家虽然思想主旨各不相同，但皆"务为治者"，他们都是在春秋战国"礼坏乐崩"和社会转型的时期提出了各自解决社会问题的方案，都以实现社会的长治久安为思想宗旨。这一点也决定了中国文化的基本特质。中国文化在整体上重视社会现实，尤其突出强调社会的和平稳定。儒家的修身、齐家、治国、平天下，以及"为万世开太平"，代表了中国文化对于和平理想的最高追求。

和平的本义是祭祀音乐的和谐，如《尚书·尧典》记载，舜命夔典乐，教育贵族子弟。音乐"八音克谐，无相夺伦，神人以和"。《史记·五帝本纪·集解》引郑玄曰："祖考来格，群后德让,其一隅也。""祖考"就是"神","群后"即"人",这是神人和谐的一个方面。孔疏引《周礼·大司乐》,"大合乐,以致鬼神示,以和邦国,以谐万民,以安宾客,以说远人",认为这就是"神人和也"[1]。祭祀的礼乐带来了神人关系的和谐,神灵对人的庇佑,这是古人对于和平的最初的理解。在此基础上,古人逐层递推,最终形成了中国文化当中社会政治和平、天下太平的理想。

如何致太平,实现协和万邦、社会大同的理想,在中国传统文化当中主要有两个方面。

第一是礼乐教化。礼乐文化是中国传统文化的重要内容和特征之一。和平的本义就来源于礼乐,而礼乐同时也象征着天地自然的和谐秩序。如《礼记·乐记》说:"大乐与天地同和,大礼与天地同节。""乐者,天地之和也;礼者,天地之序也。和,故百物皆化,序,故群物皆别。"礼代表的是秩序,乐代表的是和谐。礼乐相互补充,形成了完整的礼乐文化。陈来教授说:"乐所代表的是'和谐原则',礼所代表的是'秩序原则',礼乐互补所体现的价值取向,即注重秩序与和谐的统一,才是礼乐文化的精华。"[2]秩序与和谐的统一才是真正的和谐。正如《礼记·礼器》所说:"礼

---

[1] (唐)孔颖达《尚书正义》,上海:上海古籍出版社,2007年,第108页。
[2] 陈来:《古代宗教与伦理——儒家思想的根源》,北京:生活·读书·新知三联书店,1996年,第278页。

交动乎上，乐交应乎下，和之至也。"因此，礼乐文化的精华就是在秩序基础之上的和谐。这种和谐也是社会、政治的真正和谐。

礼乐是由各种仪式、礼器以及音乐组成的具有象征意义的符号体系。在周代的礼乐文化中，庙堂之乐的象征意义就是和平公正的社会政治。西周时期的伶州鸠指出："大昭小鸣，和之道也。和平则久，久固则纯，纯明则终，终复则乐，所以成政也，故先王贵之。"又说，"政象乐"，如果音乐和平，"于是乎气无滞阴，亦无散阳，阴阳序次，风雨时至，嘉生繁祉，人民龢利，物备而乐成，上下不疲，故曰乐正"。"有和平之声，则有蕃殖之财。"音乐和谐就会带来风调雨顺，经济繁荣，社会安定。反之，"今细过其主妨于正，用物过度妨于财，正害财匮妨于乐。细抑大陵，不容于耳，非和也。听声越远，非平也。妨正匮财，声不和平，非宗官之所司也"。（《国语·周语下》）《礼记·乐记》也说"声音之道与政通"，因此"治世之音安以乐，其政和"。《吕氏春秋·大乐》又说："天下太平，万物安宁。皆化其上，乐乃可成。"这都说明，礼乐与社会息息相通，社会和平安定则礼乐兴盛，礼乐兴盛则象征着社会的和谐稳定。礼乐与社会政治相通，是因为礼乐具有独特的教化功能。《礼记·仲尼燕居》记载孔子之言说：

> 子曰：明乎郊社之义，尝禘之礼，治国其如指诸掌而已乎。是故以之居处有礼，故长幼辨也；以之闺门之内有礼，故三族和也；以之朝廷有礼，故官爵序也；以之田猎有礼，故戎事闲也；以之军旅有礼，故武功成也。是故宫室得其度，量鼎得其象，味得其时，乐得其节，车得其式，鬼神得其飨，丧纪得其哀，辨说得其党，官得其体，政事得其施，加于身而错于前，凡众之动得其宜。

宗庙祭祀礼乐之所以具有平治天下的重要作用，就在于礼乐可以使家族和睦、社会有序。《礼记·乐记》又说：

> 是故乐在宗庙之中，君臣上下同听之，则莫不和敬。在族长乡里之中，长幼同听之，则莫不和顺。在闺门之内，父子兄弟同听之，则莫不和亲。故乐者，审一以定和，比物以饰节，节奏合以成文。所以合和父子君臣，附亲万民也。是先王立乐之方也。……先王之道，礼乐可谓盛矣。

这里说得更加明确，礼乐在宗庙祭祀、家族乡里等各个方面都有促成社会和谐的功能。中国古代礼乐文明的最终目标就是一个和谐美好的理想社会秩序。

正因为礼乐教化具有协调社会关系、整合社会秩序、实现社会长治久安的重要功能,因此在历史上,"制礼作乐",整顿礼制,"改正朔,易服色",就成为每一个王朝都非常重视的大事。

殷、周之际发生了重大的社会变革。当"小邦周"战胜了"大邑商",社会基本稳定以后,便有所谓的周公"制礼作乐"。后代学者大都以为,西周的礼仪制度以及礼学经典《周礼》《仪礼》均为周公所作。今天看来,我们对周公"制礼作乐"不能作狭义的理解。周公作为伐商灭纣、辅佐成王的最高统治者之一,对礼制有所损益,对国家的统治政策有所规定,这应该是合理的。通过周公及后来统治者对礼制的不断积累、完善,最终形成了周代的礼乐盛世,"礼仪三百,威仪三千",维护了西周数百年的统治。

战国时期,秦国地处西戎,文化相对来说比较落后。荀子入秦以后,认为秦国山川险固,民风纯朴,但是"县之于王者之功名,则倜倜然其不及远矣"。其原因就在于秦国"无儒"(《荀子·强国》)。秦国礼制与中原有别,被山东诸国视为"虎狼之国"。但是,当秦统一六国以后,同样对礼制十分重视,"悉内六国礼仪,采择其善,虽不合圣制,其尊君抑臣,朝廷济济,依古以来"(《史记·礼书》)。秦始皇"初并天下"后,立即"议帝号",后来又"改正朔",举行泰山封禅的仪典。同时对乐也有所改革,"今弃击瓮叩缶而就《郑》《卫》,退弹筝而取《昭》《虞》"(《史记·李斯列传》)。这些重大的整顿礼乐的各项制度,是秦加强统治的有效举措。

西汉初年的首要任务之一就是任用叔孙通"制朝仪"。《史记·叔孙通列传》详细地记载了他带领子弟及鲁儒生百余人,演练月余而成的朝仪,得到刘邦的赞赏。庄严肃穆的朝仪一改当时"群臣饮酒争功,醉或妄呼,拔剑击柱"的混乱场面,使君臣上下井然有序。后来,叔孙通又制定宗庙礼乐,作"《傍章》十八篇"(《晋书》卷三十《刑法志》),撰《汉礼器制度》,使汉代的礼乐制度不断完善。武帝时对礼乐制度又有重大改革,任用张汤制定《越宫律》二十七篇,任用赵禹制定《朝律》六篇。武帝还"兴太学,修郊祀,改正朔,定历数,协音律,作诗乐,建封禅,礼百神,绍周后"(《汉书》卷六《武帝纪》),进一步完善、健全了礼仪制度。武帝时期礼乐制度的发达与当时国家的强盛和社会的稳定,是互为表里的。

唐初,社会刚刚稳定之后,唐太宗贞观初年便制定了《贞观礼》,唐高宗又制定《显庆礼》,二礼并行。唐玄宗时期在前代礼制的基础上制定了规模更大的《大唐开元礼》。据杜佑《通典》,《开元礼》共一百五十卷,礼仪共有一百五十二：吉礼五十五，嘉礼五十，宾礼六，军礼二十三，凶礼十八。这些礼仪形式集前代礼制之大成，涵盖了社会生活的各个方面，协调了各种关系，是开元盛世的基础。明初，"明太祖初定天下，他务未遑，首开礼、乐二局，广征耆儒，分曹究讨。洪武元年命中书省暨翰林院、太常司，定拟祀典。乃历叙沿革之由，酌定郊社宗庙议以进。……二年诏诸儒臣修礼书。明年告成，赐名《大明集礼》。其书准五礼而益以冠服、车辂、仪仗、卤簿、字学、音乐，凡升降仪节，制度名数，纤悉毕具"（《明史》卷四十七《礼志一》）。天下初定，首先考虑的就是振兴礼乐，可见对它的重视。此后，还不断修订礼书，其繁复远远超过汉唐。

历代均把"制礼作乐"、修订礼书作为治国安邦的头等大事，这是因为礼仪制度确实在现实当中可以调整各种社会关系，由此便可以形成和谐有序的社会秩序。即使在社会动乱、分裂割据时代，礼乐制度依然是维系人伦秩序，最终实现统一的重要手段。

春秋战国的"礼坏乐崩"其实是社会转型时期礼乐制度发生的重大变化，并不是礼制彻底走向崩溃。柳诒徵先生曾说："春秋之风气，渊源于西周，虽经多年之变乱，而其踪迹犹未尽泯者，无过于尚礼一事。观《春秋左氏传》所载，当时士大夫，觇国之兴衰以礼，决军之胜败以礼，定人之吉凶以礼，聘问则预求其礼，会朝则宿戒其礼，卿士、大夫以此相教授，其不能者，则以为病而讲学焉。"[1]这是很有见地的看法。礼乐制度的模式并没有在社会变迁之中被打破，礼乐依然是维系社会秩序的有效手段。

魏晋南北朝时期是古代又一个分裂割据的年代，但同时也是礼学极其发展的时代。《通典·礼序》指出：

> 魏以王粲、卫觊集创朝仪，而鱼豢、王沈、陈寿、孙盛虽缀时礼，不足相变。吴则丁孚拾遗汉事，蜀则孟光、许慈草建时制。晋初以荀𫖮、郑冲典礼，参考今古，更其节文，羊祜、任恺、庾峻、应贞并加删集，成百六十五篇。后挚虞、傅咸缵续未成，属中原覆没，今虞之《决疑注》，是其遗文也。江左刁协、荀崧补缉旧文，蔡谟又踵修缀。宋初因循前史，并不重述。齐武帝永明二年，诏尚书令王俭制定五礼。至梁武帝，命群儒又裁成焉。……陈武帝受禅，多准梁旧式，因行事随时笔削。后魏道武帝举其大体，事多阙遗；孝文帝率由旧章，择其令典，朝仪国范，焕乎复振。北齐则阳修之、元循伯、熊安生，后周则苏绰、卢辩、宇文弼，并习于《仪礼》，

---

[1] 柳诒徵：《中国文化史》上册，北京：中华书局，2015 年，第 345—348 页。

以通时用。[1]

这是当时礼学发展的一个概况,其中尤以南方为兴盛。梁武帝时撰成的《五礼》有一百二十帙,一千一百七十六卷,八千一十九条,为礼志之盛。南朝礼学发达,而丧服尤重,这主要是在当时世家大族迁播的情况下,为维护门第而兴。门第是最主要的社会关系,如果门第崩溃了,其他社会关系也将很难维持。所以,当时社会在整体上虽然处于动荡之中,但在局部地区,每个政权都重视礼乐制度,都为了维护稳定的统治而积极倡导礼乐教化。礼制在这个特殊的时代表现出极大的凝聚力,起到了积极的整合作用。

由此可见,中国传统思想重视礼乐教化的功能,在中国传统社会发展过程中,礼乐制度也确实起到了促进社会和谐稳定的重要作用。

第二是德政,以德服人而非以力服人,才能真正实现天下大同。

孔子是有夷夏观念的,但他所谓的夷更多的是从道德、文化的方面而不是单纯地从种族的角度来理解的。对于四夷,孔子以及儒家主张用道德教化的手段使之归附。孔子说:"远

---

[1] (唐)杜佑:《通典》卷四十一《礼一·沿革一》,北京:中华书局,1988年,第1121页。

人不服,则修文德以来之。"(《论语·季氏》)后来董仲舒也说:"仁者,爱人之名也。……故王者爱及四夷,霸者爱及诸侯,安者爱及封内,危者爱及旁侧,亡者爱及独身。"(《春秋繁露·仁义法》)这里说的"王者爱及四夷",就是以爱全天下为最高的道德境界,这样才能"协和万邦",实现天下太平。

孟子坚决批判春秋以来导致社会动荡的战争,说"春秋无义战"(《孟子·尽心下》)。孟子说,如果有人说"我善为陈,我善为战",善于布兵打仗,这是罪大莫及。孟子认为:"国君好仁,天下无敌焉。南面而征,北夷怨;东面而征,西夷怨。曰:'奚为后我?'武王之伐殷也,革车三百两,虎贲三千人。王曰:'无畏!宁尔也,非敌百姓也。'若崩厥角稽首。征之为言正也,各欲正己也,焉用战?"(《孟子·尽心下》)孟子以武王伐纣的历史为例,说明只要行仁政就会得到天下人民的热烈拥护。因此,孟子对发动战争、杀人越货的统治者给予激烈的批评:"争地以战,杀人盈野;争城以战,杀人盈城,此所谓率土地而食人肉,罪不容于死。故善战者服上刑,连诸侯者次之,辟草莱、任土地者次之。"(《孟子·离娄上》)

孟子反复说明仁政对于实现天下长治久安的重大意义。他认为,武力刑罚等措施可以起到一时的作用,但不会长久,他说："不仁而得国者,有之矣。不仁而得天下者,未之有也。"(《孟子·尽心下》)孟子认为,真正能够平治天下的王者应当以仁德作为执政的指导思想,这样才能实现"莅中国而抚四夷"(《孟子·梁惠王上》)的目标。具体来说,孟子提出的建议其实非常简单,首先是要保证民众有基本的生存基础,"五亩之宅,树以之桑,五十者可以衣帛矣。鸡豚狗彘之畜,无失其时,七十者可以食肉矣。百亩之田,勿夺其时,数口之家可以无饥矣"。其次就是要对民众施以教育,"谨庠序之教,申之以孝悌之义,颁白者不负戴于道路矣"。由此孟子认为,"今王发政施仁,使天下仕者皆欲立于王之朝,耕者皆欲耕于王之野,商贾皆欲藏于王之市,行旅皆欲出于王之涂,天下之欲疾其君者,皆欲赴愬于王。其若是,孰能御之?"(《孟子·梁惠王上》)

孟子认为,行仁政之所以可能,是因为每一个人都有仁心。作为统治者,"以不忍人之心,行不忍人之政,治天下可运之掌上"(《孟子·公孙丑上》)。这其实就是将儒家的忠恕之道运用于政治领域。《礼记·大学》在解释治国平天下的时候说:"上老老而民兴孝,上长长而民兴弟,上恤孤而民不倍,是以君子有絜矩之道也。"朱子注曰:"言此三者,上行下效,捷于影响,所谓家齐而国治也。亦可以见人心之所同,而不可使有一夫之不获矣。是以君子必当因其所同,推以度物，使彼我之间各得分愿，则上下四旁均齐方正，而天下平矣。"[1]这就是将"己欲立而立人，己欲达而达人"的絜矩之道推广到治国平天下，这也是孟子所说的"推恩足以保四海"（《孟子·梁惠王上》）。孟子批评梁惠王"不仁"，是因为"仁者以其所爱及其所不爱，不仁者以其所不爱及其所爱"（《孟子·尽心下》）。梁惠王为了争夺土地，驱使他的百姓去作战，百姓暴死荒野，结果大败。可他还要再战，就驱使他所喜爱的子弟去决一死战，这就是"以其所不爱及其所爱"。真正的仁者则能把他给喜爱者的仁德推广到他不爱的人。因此朱子在总结《大学》最后一章即"治国平天下章"的时候也说："此章之义，务在与民同好恶而不专其利，皆推广絜矩之意也。能如是，则亲贤乐利各得其所，而天下平矣。"[2]由此可知，传统儒家以及中国哲学都认为，如果能够将己之仁心推广到天下，"己欲立而立人，己欲达而达人"，就可以最终实现平治天下的理想。

儒家认为施行仁政就可以平治天下，其根本原因在于仁政能够得到民心。如孟子说，"天时不如地利，地利不如人和"。赵岐注："人和，得民心之所和乐也。"[3]在天时、地利和民心三个方面，民心最为重要，因此说："域民不以封

---

[1] （宋）朱熹：《四书章句集注》，北京：中华书局，1983年，第10页。
[2] 同1，第13页。
[3] 《孟子注疏》，北京：北京大学出版社，2023年，第148页。

疆之界，固国不以山溪之险，威天下不以兵革之利。得道者多助，失道者寡助。寡助之至，亲戚畔之；多助之至，天下顺之。以天下之所顺，攻亲戚之所畔，故君子有不战，战必胜矣。"（《孟子·公孙丑下》）孟子通过总结历史经验教训指出，桀纣之所以最终失去天下，是因为他们失去了民心。因此，"得天下有道：得其民，斯得天下矣。得其民有道：得其心，斯得民矣。得其心有道：所欲，与之聚之；所恶，勿施尔也"（《孟子·离娄上》）。孟子又说："以德行仁者王，王不待大。汤以七十里，文王以百里。以力服人者，非心服也，力不赡也；以德服人者，中心悦而诚服也，如七十子之服孔子也。《诗》云：'自西自东，自南自北，无思不服。'此之谓也。"（《孟子·公孙丑上》）孟子反复指出，平治天下不在于武力或国力强盛，而在于得到民众心悦诚服的拥护。这也是中国传统文化当中关于实现天下太平的基本主张。

总之，通过礼乐教化，通过施行仁政，获得民心的拥护，就可以实现"以天下为一家，以中国为一人者"（《礼记·礼运》），"四海之内若一家"（《荀子·王制》）的理想社会。

当然，有必要指出的是，儒家虽然极力强调礼乐教化对于平治天下的重要作用，但同时并不完全排斥或否定刑罚的作用。如《礼记·乐记》说："礼以道其志，乐以和其声，政以一其行，刑以防其奸。礼乐刑政，其极一也，所以同民心而出治道也。"也就是说，礼乐刑政的作用都是为了把社会治理好，只是儒家认为，礼乐是主要的，刑政是次要的、辅助性的。同样，儒家在强调仁政的时候，也不是完全放弃了刑罚，而是主张必要的刑罚措施有一定的作用，但不以此为主要手段。如《左传·昭公二十年》记载孔子之言曰："善哉！政宽则民慢，慢则纠之以猛。猛则民残，残则施之以宽。宽以济猛，猛以济宽，政是以和。《诗》曰'民亦劳止，汔可小康；惠此中国，以绥四方'，施之以宽也。'毋从诡随，以谨无良；式遏寇虐，惨不畏明'，纠之以猛也。'柔远能迩，以定我王'，平之以和也。又曰'不竞不絿，不刚不柔，布政优优，百禄是遒'，和之至也。"在孔子看来，治理国家要刚柔相济，宽政与猛政相结合，才是实现理想的社会政治。"柔远能迩，以定我王"，出自《诗·大雅·民劳》，"能迩"就是"惠此中国"，"柔远"就是怀柔四方诸侯，这与孔子说的"近者说，远者来"（《论语·子路》）的意思一致。[1]按照《左传》的说法，这也是"和平"的意思。"不竞不絿，不刚不柔，布政优优，百禄是遒"，出自《诗·商颂·长发》。

---

[1] "柔远能迩"又见《尚书》的《尧典》《顾命》《文侯之命》以及《左传·昭公二十年》，历代学者主要对"能"字的解释不同。按照刘起釪先生的看法，清儒释"能"为"善"，"比汉至明儒寻析字义较绵密"。又据近代以来金文及甲骨文的研究，"此四字原为当时习用语"，即为当时的成语。参见顾颉刚、刘起釪：《尚书校释译论》，北京：中华书局，2005年，第198页。

《毛传》:"绿,急也。优优,和也。遒,聚也。"《郑笺》:"竞,逐也。不逐,不与人争前后。"孔颖达指出,这几句是歌颂商王"举事皆得其中。敷陈政教,则优优迹和美"[1]。孔子引此诗之意在于说明,为政要"不刚不柔",同时也是亦刚亦柔,刚柔并用,这样才是最为理想的,因此孔子说这是"和之至也"。

综上所述,中华文明所具有的突出的和平性不但体现在历史上各民族的融合、交流当中;中外文化的交流互鉴当中,更建立在深厚的中国思想文化的基础之上。在中国思想史上,和平性具有丰富的思想内涵,从个体的道德修养所成就的君子人格,到士大夫"为万世开太平"的理想,修身、齐家、治国、平天下,中国传统文化的内外一体,中华文明的方方面面,都可以以和平思想贯通起来。

---

[1]《毛诗注疏》,上海:上海古籍出版社,2013年,第2145页。

第三章
中华文明和平性的特点

作为中华文明突出特性之一的和平性始终贯穿于中国历史发展的各个阶段，并且体现在中国传统哲学、政治、经济、文学、艺术等各个领域，成为塑造中华民族的思维习惯、生活态度、价值取向的重要因素，也是中国文化被普遍认同的人文精神。可以说，中华文明数千年不间断的发展，同时也就是和平性的体现与展开。中华文明所具有的和平性体现在中国文化的方方面面。总体来看，中华文明和平性具有以下几个方面的特点。

第一节　中华文明和平性的本体论依据

中华文明崇尚和谐和平的特性是建立在中国哲学深厚的基础之上的，其根本的哲学依据是因为中国哲学认为，宇宙自然本身就是和谐的。老子说："道生一，一生二，二生三，三生万物。万物负阴而抱阳，冲气以为和。"（《老子·四十二章》）"三"就是阴阳和合之气。在老子看来，宇宙万物皆在阴阳二气的相互作用下达到了和谐的状态。《易传》又说："一阴一阳之谓道。"宇宙就是阴阳变化的一个和谐的整体。这是中国哲学的基本观念。反之，如果打破了阴阳的和谐，势必会引起自然灾害，如西周末年的伯阳父在解释地震的发生时就说："夫天地之气，不失其序；若过其序，民乱之也。阳伏而不能出，阴迫而不能烝，于是有地震。今三川实震，是阳失其所而镇阴也。阳失而在阴，川源必塞；源塞，国必亡。"（《国语·周语上》）伯阳父认为，宇宙自然就是阴阳的和谐运转，但如果这个和谐被破坏了，就会产生如地震这样的灾害，同时这些自然灾害也进一步会传递到人类社会，最终会给社会带来不利的影响。

《周易·乾·彖传》又说："保合大和，乃利贞。"孔颖达：

"以能保安合会大和之道，乃能利贞于万物。""大和"即"太和"，即四时冲和之气。高亨先生解释说："太和非谓四时皆春，乃谓春暖、夏热、秋凉、冬寒，四时之气皆极调谐，不越自然规律，无严寒，无烈风，无淫雨，无久旱，无早霜，总之，无特殊之自然灾害。天能保合太和之景象，乃能普利万物，乃为天之正道，故曰：'保合太和，乃利贞。'"[1]

北宋时期的哲学家张载认为，宇宙的本体是"太虚"或"气"，而"太和"就是太虚与万物共存，并通过阴阳二气的感应相互联系、相互作用的有机统一体，是气的存在及运动形态的总称，也是宇宙的总称。[2] 张载说："太和所谓道，中涵浮沉、升降、动静相感之性，是生缊缊、相荡、胜负、屈伸之始。其来也几微易简，其究也广大坚固。起知于易者乾乎！效法于简者坤乎！散殊而可象为气，清通而不可象为神。不如野马、缊缊，不足谓之太和。"（《正蒙·太和》）张载以气作为宇宙万物的本体，"太和之气"中涵有浮沉、升降、动静等相感之性。"野马"出自《庄子·逍遥游》"野马也，尘埃也"。郭象注："野马者，游气也。"成玄英疏："此言青春之时，阳气发动，遥望薮泽，犹如奔马，故谓之

---

[1] 高亨：《周易大传今注》，济南：齐鲁书社，1979年，第55页。
[2] 参见侯外庐、邱汉生、张岂之主编：《宋明理学史》上卷，北京：人民出版社，1984年，第103页。

野马。"[1] 由此可知，"野马"是指翻腾的气团。"䌉缊"出自《周易·系辞》"天地䌉缊，万物化醇"，也是指阴阳二气的交感。通过张载的描述，因太和之气有此之性，故能发生无穷的变化，从而化生出整个世界。太和之气变化流行的过程也就是道，张载说："由气化，有道之名。"(《正蒙·太和》)"太和之道"是对天道的结构与特征的揭示，这是对儒学天道论的创新。王夫之说："太和，和之至也。……阴阳异撰，而其䌉缊于太虚之中，合同而不相悖害，浑沦无间，和之至也。未有形器之先，本无不和，既有形器之后，其和不失，故曰太和。"(《张子正蒙注》卷一《太和》)

在张载气本论的思想体系当中，"太和即阴阳会冲之一气，即气之全"[2]。因此，"太和"在中国传统哲学当中也具有本体论的意义。中国文化崇尚和平、和谐，是有着充分的哲学依据的。

另外，张载还认为，作为宇宙本体的气内涵着对立，所谓"一物两体，气也。一故神（自注：两在故不测），两故化（自注：推行于一）"(《正蒙·参两》)。因为有一，因而有不测之妙用；因为有二，故变化无穷。因此张载又说："由象斯有对，对必反其为。有反斯有仇，仇必和而解。"(《正

1　（清）郭庆藩：《庄子集释》，北京：中华书局，1961年，第6页。
2　张岱年：《中国哲学大纲》，北京：中华书局，2017年，第92页。

蒙·太和》)张载认为,天地万物都有其对立面,对立面之间必反向而为,最终对立的双方势均力敌,成为敌对的两方,但最终还是调和而消除仇恨。如果说从"象"到"对"再到"仇"这是一种自然的过程,那么"仇必和而解"则是带有中国文化特点的人为的结果。

冯友兰先生认为,"仇必和而解"体现了张载辩证法思想的特点。张载强调"一物两体",就是说一个统一体有两个对立面,一个统一体是"一",两个对立面是"二"。张载着重讲的是一和二的关系,即在不妨碍"一"存在的前提下,"二"是如何发生作用的。如果用《易传》"一阴一阳之谓道"的理解来看,冯先生认为,张载的看法是在一个阶段内,阴占优势,在另一个阶段内,阳占优势,并不是说只有一个阴,只有一个阳。占优势者并不能完全消灭它的对立面,这就是张载所说的"仇必和而解"[1]。冯先生对张载的这个看法评价较高,认为"仇必和而解"与"仇必仇到底"不同,前者认识到了矛盾对立统一的统一为主的一面。张岱年先生也认为,矛盾的对立面的斗争结果情况比较复杂,"但和解不失为一种较好的可能"[2]。"仇必和而解"的思维方式,与中国哲学中的中庸、中正一样,在根本的哲学层面上决定了中国文化的尚和精神。

---

1 冯友兰:《中国哲学史新编》第五册,北京:人民出版社,1988年,第134—135页。
2 张岱年:《漫谈和合》,《社会科学研究》1997年第5期,第55页。

第二节　中华文明和平性的思想基础

天人关系问题是传统中国哲学的核心内容。在中国传统哲学"究天人之际"的理论思考中，天人之间的"合一"是中国哲学的主流思想，同时也是中国文化的重要特征。其中，"天""人"的涵义都比较复杂，"天"既有自然之义，又有义理和道德之义，甚至某种神秘因素；"人"既可以指个人，又可以指社会，也可以指人类，等等。而"合一"的方式，更是多种多样，有从原始巫术、宗教礼仪一直发展至天人感应的神秘的"天人合一"，也有顺天守时、主张自然规律与人事法则一致的"天人合一"，等等。

如果从中华文明的起源来看，中国哲学的天人合一根源于传统农业文明对于自然节律的认识。传统中华文明的主体是一种农业文明，分析研究中华文明的特点，不能脱离中华文明的这个物质基础。研究中国哲学的天人合一思想，也需要从早期农业文明对自然节律的认识和理解入手。在农业文明中，人的日常生活、社会生活甚至政治活动都应该顺应自然规律，与自然节律的变化相一致。这种根源于农业文化的朴实的自然观念，在历史的发展过程中逐渐形成了顺天守时的思想，在此基础上发展出天人一体的观念。

保存在今本《大戴礼记》中的《夏小正》篇，将自然的天象、物候和人事活动安排在一起，就典型地反映了先民顺天守时的思想，其根本特征在于人事活动应该与自然节律一致。这应当是早期的天人合一思想。

在《尚书·尧典》当中就记载了帝尧"乃命羲、和，钦若昊天，历象日月星辰，敬授人时"。按《尚书》的记载，这也是把天象、历数、物候和人事紧密联系在一起，把自然界和人类社会看成一个整体。但与《夏小正》不同的是，《尧典》所说的是帝尧命令羲、和掌管天地，又命他们的四个儿子分别掌管春夏秋冬四时，由他们观测天象，根据四时气节"敬授人时"。这样，原始的顺天守时的观念，逐渐发展成为政令也要与自然节律相一致。从《左传》《国语》可以看出，至春秋时期，政治举措要与时令相符，是当时的一种普遍认识。

《左传·僖公五年》记载："五年春王正月辛亥朔，日南至。公既视朔，遂登观台以望，而书，礼也。凡分、至、启、闭，必书云物，为备故也。"据杨伯峻先生的注，每年秋冬之际，天子颁发第二年的历法与诸侯，历法所记，重点是每月初一为何日及有无闰月，谓之"班朔"。诸侯于每月朔日，必以特羊告于庙，谓之"告朔"。告朔之后，仍在太庙听治一月之政事,谓之"视朔",亦谓之"听朔"。《左传》所记,是说国君于二分、二至及四立之日,必登台以望天象,占其吉凶而书之。如有灾凶,早为之备。[1]古人极其重视季节的变化和与之相应的政治活动之间的关系。如果国君的政令、祭祀等行为不按照天时的变化而改变,则是非礼。"闰以正时,时以作事,事以厚生,生民之道于是乎在矣。不告闰朔,弃时政也,何以为民?"(《左传·文公六年》)由此可见,按时行政是为政者的首要大事,是"生民之道"。因此,"赏以春夏,刑以秋冬"(《左传·襄公二十六年》),国君一年的政事安排要与自然天时相符合。如《国语·周语中》说:"先王之教曰:'雨毕而除道,水涸而成梁,草木节解而备藏,陨霜而冬裘具,清风至而修城郭宫室。'"修筑道路、桥梁、宫室等活动都要在秋冬季节进行,一方面是因为秋冬季为农闲时节,同时也由于古人认为,秋冬季大地封闭,适于修筑。从《春秋》经、传来看,鲁国在秋冬季筑城就比其他季节要多得多,这是政事与节气相符合的一个明显例子。

至战国晚期,《吕氏春秋·十二纪》以及《月令》把以王为中心的四时教令更加系统化。按王梦鸥的解释:"所谓'月',乃包举天时;所谓'令',即其所列举之政事。故

---

[1] 杨伯峻:《春秋左传注》(修订本),北京:中华书局,1990年,第302—303页。

合'月''令'而言，恰为'承天以治人'之一施政纲领。"[1]
这个说法是恰当的。《月令》是为即将出现的统一的中央集权的政权制定的行政月历。它以一年十二个月为纲，把五方、五行、天象、帝神、五色、音律、祭祀、物候、人事等各方面的内容都安排进去，但其中心是王居明堂以行政令，王的政治要与天时、自然相符合，否则就会带来灾异。以孟春之月为例：

> 孟春之月……天子居青阳左个，乘鸾路，驾仓龙，载青旂，衣青衣，服仓玉，食麦与羊，其器疏以达。……立春之日，天子亲帅三公、九卿、诸侯、大夫以迎春于东郊。还反，赏公、卿、诸侯、大夫于朝。命相布德和令，行庆施惠，下及兆民。……乃命大史守典奉法，司天日月星辰之行，宿离不贷，毋失经纪，以初为常。是月也，天子乃以元日祈谷于上帝。乃择元辰，天子亲载耒耜，措之于参保介之御间，帅三公、九卿、诸侯、大夫躬耕帝藉。……是月也，不可以称兵，称兵必天殃。兵戎不起，不可从我始。毋变天之道，毋绝地之理，毋乱人之纪。

---

[1] 王梦鸥：《礼记月令校读后记》，《三礼论文集》，台北：黎明文化事业股份有限公司，1982年，第251页。

由此可见，《月令》是要天子的一切行为顺应时令，按月居明堂，施政行令，毋改时变。与《月令》同属于战国中后期的《管子》中的《四时》《五行》《幼官》《轻重己》等篇，也是按照四时、五行的框架，把天时、物候、政事包括进去，其中心依然是君王。《管子·五行》篇说："以天为父，以地为母，以开乎万物，以总一统。"《四时》篇又说"圣王务时而寄政焉"，要求君王把天道、地道、人道统一起来，这样就可以实现王道政治的理想。

由以上论述可以看出，从早期农业文明形成的顺天守时、遵守自然节律的思想，到战国后期形成的《月令》等著作中的思想，将人的日常生活以及社会政治秩序，和自然的节律完全对应起来，形成了一个完整的图式。这是一种典型的天人合一思想。

在儒家思想当中，天人合一又指人的德性与天地合一，如孟子说"尽心知性知天"（《孟子·尽心上》），《易传》说圣人"与天地合其德，与日月合其时，与四时合其序，与鬼神合其凶吉，先天而天弗违，后天而奉天时"（《周易·乾·文言》）。这是人性与天道的合一，是儒家哲学天人合一思想的主要内容，也是天人合一的另一种理论形式。

汉代的董仲舒提出天人感应思想，"感应"也是"合一"的一种形式。董仲舒认为，天是有意志、情感和目的的，天以灾异谴告的形式向人展示它的意志。在董仲舒看来，天人感应的基础是天人相副，即天和人是同类的，人体的各个部分象征着自然的各领域。如："人有三百六十节，偶天之数也；形体骨肉，偶地之厚也。上有耳目聪明，日月之象也；体有空窍理脉，川谷之象也；心有哀乐喜怒，神气之类也。观人之体，一何高物之甚，而类于天也。"（《春秋繁露·人副天数》）董仲舒甚至还认为，自然的四季和人的喜怒哀乐之情也是一致的，比如"春，喜气也，故生；秋，怒气也，故杀；夏，乐气也，故养；冬，哀气也，故藏；四者，天人同有之"。经过这样的比附，就达到了"天人一也"（《春秋繁露·阴阳义》）的理论。

由此可见，董仲舒的人副天数的思想是一种直观的甚至是机械的天人合一思想。这种思想经历了魏晋思想的洗礼之后，到宋代就发展演变为更加精致的、更加形上化的思辩的天人合一思想。二程主张"一天人"。他们说："须是合内外之道，一天人，齐上下。"[1] 又说："天人本无二，不必言合。"[2] 程颢又说："天人一也，更不分别。"[3] 程颢还说：

> 仁者，浑然与物同体。义、礼、知、信皆仁也。识

---

[1] 《河南程氏遗书》卷三，《二程集》，北京：中华书局，1981年，第59页。
[2] 同1，卷六，第81页。
[3] 同1，卷二上，第20页。

得此理，以诚敬存之而已，不须防检，不须穷索。……孟子言"万物皆备于我"，须"反身而诚"，乃为大乐。若反身未诚，则犹是二物有对，以己合彼，终未有之，又安得乐？[1]

这是通过对儒家经典《周易》《孟子》等的阐释，从而证明人与物、人性与天道之间本为一体，更无分别，从而也就奠定了理学天人合一思想的基本内容。北宋张载批判佛教以现实世界为幻妄的思想，而儒学"则因明致诚，因诚致明，故天人合一。致学而可以成圣，得天而未始遗人"（《正蒙·乾称》）。这里明确提出"天人合一"的主张。张载的解释发挥了传统儒学"诚则明矣，明则诚矣"（《中庸》）的思想，在诚明互动的工夫中实现天人合一，致力于为学便可以达到成圣的境界。

北宋的程颢就提出"仁者以天地万物为一体"的思想，王阳明也继承了这种理学的思想，明确主张万物一体。他甚至认为，人的良知，就是草木瓦石的良知，若草木瓦石无人的良知，就不可以为草木瓦石。他还主张天地若无人的良知，亦不可为天地。这是因为："天地万物与人原是一体，其发窍之最精处，是人心一点灵明，风雨露雷、日月星辰、禽兽

---

[1] 《河南程氏遗书》卷二上，《二程集》，北京：中华书局，1981年，第16—17页。

草木、山川土石，与人原只一体。故五谷、禽兽之类皆可以养人，药石之类皆可以疗疾，只为同此一气，故能相通耳。"（《传习录》下）王阳明认为，天地万物与人为一体的原因是气，因一气贯通，所以万物与人是相通的。这也达到了传统儒家以"天人合一"为内涵的最高境界。

当然，在中国传统哲学当中，也有主张天人相分的看法，如荀子说的"明于天人之分"，汉代的王充激烈地反对董仲舒的天人相与思想，唐代柳宗元主张"天人不相预"，刘禹锡提出"天人交相胜"，这些思想都是主张天人相分的，反对天人合一。但整体上来看，这样的看法并不占中国古代思想的主流，中国传统哲学思想的主流还是认为天人合一。

中国传统思想认为，人是自然的一部分，自然有普遍规律，人要服从这个规律。自然是内在于人的存在，因此道德规律和自然规律是一致的。中国传统文化中的最高境界就是天人一体的天地境界。张岱年先生指出："古代所谓'合一'，与现代语言中所谓'统一'可以说是同义语。合一并不否认区别。合一是指对立的两方彼此又有密切相联、不可分离的关系。"[1] 按照这种理解，中国传统文化当中的天人关系，认为人与自然是彼此密切联系、不可分离的关系。这种思想从

---

[1] 张岱年：《中国哲学中"天人合一"思想的剖析》，《北京大学学报》（哲学社会科学版）1985年第1期，第1页。

根本上奠定了中华文明和平性的特点，不但主张人与自然的和谐，同时也重视人际关系的和谐以及社会关系的和谐。

从中国哲学中不同形态的、丰富的天人合一思想可以看出，天人合一思想根植于中华文明，无论哪一种形式的天人合一思想，都主张人类社会的各种活动应当与自然一致，人应当顺应自然，人性与天道自然是一致的。尤其是宋明以后提出的民胞物与、万物一体的思想，更是将人类社会看作是一个整体，人与自然也是一个和谐统一的整体。因此，中国哲学的天人合一思想奠定了中华文明和平性的哲学基础与思维结构。在这样的哲学指引之下，中华文明孕育出了和平的思想，主张人与自然一体，对待他人要推己及人，不能以邻为壑，从而形成了中华文明的重要特征。

第三节　中华文明和平性的特点

中华文明所具有的突出的和平性，是以中国哲学对于宇宙的和谐认识作为哲学依据，以中国哲学当中"天人合一"的思想作为基础，由此可见中华文明的和平性是建立在深厚的中国哲学的基础之上的。除此之外，中华文明的和平性还有几个明显的特征。

第一，中国哲学与中国文化中崇尚的"和"是一体多面的。

中国传统思想认为个人与社会国家是一体的。老子说："修之于身，其德乃真。修之于家，其德乃余。修之于乡，其德乃长。修之于国，其德乃丰。修之于天下，其德乃普。"（《老子·五十四章》）这是用道将身、家、乡国、天下贯穿起来。《礼记·大学》也说："物格而后知至，知至而后意诚，意诚而后心正，心正而后身修，身修而后家齐，家齐而后国治，国治而后天下平。"格物、致知、诚意、正心、修身、齐家、治国、平天下，也是由内到外一线贯通。

与中国传统哲学一样，中华文明的和平性也涵盖了个人（身心和谐）、社会、自然以及天下，这几个方面都可以用"和"贯通起来，不仅展现了和平思想的丰富性，同时也说明中国文化的各个方面都可以在和平、和谐思想观念之下统一起来。儒家哲学讲"内圣外王"之道，修齐治平是内外一体贯通的，而且最终落实在平治天下方面。中国文化重视个人的身心和谐、人际关系的和谐、人与自然关系的和谐，最终也是落实到"为万世开太平"，这是传统士人共同的理想抱负，这个方面和修齐治平的模式是一致的，体现了中国文化的一体性。

第二，中华文明当中的"和"是以秩序和矛盾为前提的。

中国文化的尚和思想并不是不承认矛盾、抹煞秩序差异，而是在承认矛盾、秩序的基础之上，去追求更高级的和谐。

《左传·昭公二十年》记载了春秋时期的晏婴关于论述和与同的区别的认识：

> 和如羹焉，水、火、醯、醢、盐、梅，以烹鱼肉，燀之以薪，宰夫和之，齐之以味，济其不及，以泄其过。君子食之，以平其心。君臣亦然。君所谓可而有否焉，臣献其否以成其可；君所谓否而有可焉，臣献其可以去其否，是以政平而不干，民无争心。故《诗》曰："亦有和羹，既戒既平。鬷嘏无言，时靡有争。"先王之济五味、和五声也，以平其心，成其政也。声亦如味，一气，二体，三类，四物，五声，六律，七音，八风，九歌，以相成也。清浊、大小、短长、疾徐、哀乐、刚柔、迟速、高下、出入、周疏，以相济也。君子听之，以平其心。心平，德和。故《诗》曰："德音不瑕"。今据不然。君所谓可，据亦曰可；君所谓否，据亦曰否。若以水济水，谁能食之？若琴瑟之专壹，谁能听之？同之不可也如是。

晏子是春秋时期的大政治家。他的这一段话从饮食、音乐一直讲到社会政治,生动形象且又细致明确地揭示出和与同的区别,主张尚和去同。在他看来,如饮食、音乐,由不同的原素构成,"济五味,和五声",这样的羹才是美味可口的,音乐才是悦耳动听的。由此引申到治理国家方面,就可以做到"以平其心,成其政也",实现社会的和谐稳定。反之,如果元素单一,那就是"以水济水",无论是饮食还是音乐,都是不可食、不可听的。晏子以此为例,批评齐侯专信梁丘据,不能听取不同的意见。

儒家对于礼乐的阐述也很好地表明了这一点。《礼记·乐记》说:"乐者,天地之和也;礼者,天地之序也。""乐者为同,礼者为异。""乐者敦和","礼者别宜"。这些说法都表明,礼别异,乐统同,礼乐相互配合,显示出礼乐是秩序与和谐的有机统一体。《论语·学而》记载的孔子弟子有子说的"礼之用,和为贵",也是这个意思。《礼记·儒行》又引孔子之言:"礼之以和为贵",说明这是儒家一贯的思想。

前人的注疏已经明确地指出,《论语》有子之言讲的是礼乐关系。皇侃《论语义疏》说:这里的意思是"明人君行化,必礼乐相须,用乐和民心,以礼检民迹。……和,即乐也。变乐言和,见乐功也"。邢昺《论语注疏》也说:"此章言礼乐为用，相须乃美。……和谓乐也。"[1]这就是说，乐以和为主，但如果仅以和为目标，"不以礼节之"，那也是不行的。假若把礼作广义的理解，即包括乐在内，那么，"分""别""异"应是礼的思想，"和"是乐的思想。这也可以套用"体用"这对范畴，以"分"为体，以"和"为用；或礼为体，乐为用。如朱熹《论语集注》说："礼之为体虽严，而皆出于自然之理，故其为用，必从容而不迫，乃可为贵。"又引范氏曰："凡礼之体主于敬，而其用则以和为贵。敬者，礼之所立也；和者，乐之所由生也。"[2]陈澔注解《礼记·儒行》也说："礼之体严，而用贵于和。"[3]体用是理学的主要范畴，但用在这里解释礼乐关系还是非常贴切的。礼乐的思想并不是只有"和"，其中还隐含了礼的别异思想，这两个方面结合起来，才是礼乐的真正的含义，即在秩序基础之上的和谐，这才是儒家所肯定的"和为贵"。

后来孔子说"君子和而不同，小人同而不和"（《论语·子路》），就是在综合了春秋以来关于"和—同"思想后的进一步提炼。儒家重视的"和"，是在充分尊重差异、秩序的前提之下而形成的和谐。《中庸》说"万物并育而不相害，道并行而不相悖"，这才是中国哲学所理解的真正的和谐。

---

[1] 黄怀信：《论语汇校集释》，上海：上海古籍出版社，2008年，第74页。
[2] （宋）朱熹：《四书章句集注》，北京：中华书局，1983年，第51、52页。
[3] （元）陈澔注：《礼记》，上海：上海古籍出版社，2016年，第664页。

第三，中华文明中的"和"是有生命力的。

中国传统思想中的"和"是以秩序和差异为前提的，因此在和的思想当中就蕴含着张力，这样的思想才是有生命力的。

据《国语·郑语》记载，西周末年周太史史伯就明确地说：

> 夫和实生物，同则不继。以他平他谓之和，故能丰长而物归之；若以同裨同，尽乃弃矣。故先王以土与金木水火杂，以成百物。是以和五味以调口，刚四支以卫体，和六律以聪耳，正七体以役心，平八索以成人，建九纪以立纯德，合十数以训百体。出千品，具万方，计亿事，材兆物，收经入，行姟极。故王者居九畡之田，收经入以食兆民，周训而能用之，和乐如一。夫如是，和之至也。

同就是事物的单一性，若以同裨同，只是单一的重复，如同一个声调、同一种颜色、同一个口味等，因为单一没有变化而没有生机，不能产生新的事物，因而也就不能长久，不可能持续发展。而和则不同，和是各种不同事物的协调与配合，如他认为万物是由"土与金木水火杂"而生的，这样各种因素就会相互作用、配合而产生出新的事物。

中国哲学是重视生生的哲学。《周易·系辞》说"天地之大德曰生",又说"生生之谓易",中国哲学理解的宇宙是一个不断创生的永恒的过程。宋代道学宗主周敦颐在《太极图说》中说:"太极动而生阳,动极而静,静而生阴。静极复动。一动一静,互为其根。"又说:"二气交感,化生万物。万物生生而变化无穷焉。"程颐说"'生生之谓易',是天之所以为道也。天只是以生为道"[1],程颐又说"天地之化,自然生生不穷"[2]。张岱年先生就指出:"宇宙乃是一个生生不已的大流,此即所谓易,易是宇宙中一根本事实。"又说:"生生是宇宙之最根本的原理。"[3]这是中国哲学的一个基本事实,也是中国哲学的重要特点。

中国传统哲学不但认为宇宙是大化流行、生生不已的,而且也认为,宇宙又是一个和谐的统一体,这是大化流行的根本原因。因此,中国传统哲学认为,和是生的根本原因,宇宙之所以能够创生、生生不已,就是因为和。史伯说的"和实生物"就指出了这个基本的原理。老子在说到万物的生成时说"万物负阴而抱阳,冲气以为和"(《老子·四十二章》)。《淮南子·天文训》解释说:"道始于一,一而不生,故分而为阴阳,阴阳合和而万物生。"这就更加明确地说明,"冲气"就是阴阳二气相互激荡而成的一种匀适和谐的状态,万物都

---

[1] 《河南程氏遗书》卷二上,《二程集》,北京:中华书局,1981年,第29页。
[2] 同1,卷十五,第148页。
[3] 张岱年:《中国哲学大纲》,北京:中华书局,2017年,第151页。

是在这种状态中产生的。庄子也说:"至阴肃肃,至阳赫赫,肃肃出乎天,赫赫发乎地,两者交通成和而物生焉。"(《庄子·田子方》)荀子说:"万物各得其和以生。"(《荀子·天论》)《礼记》说:"阴阳和而万物得。"(《礼记·郊特牲》)《礼记》在讲到礼乐秩序的时候特别指出:"乐者,天地之和也;礼者,天地之序也。和,故百物皆化;序,故群物皆别。"(《礼记·乐记》)礼乐体现了天地的秩序与和谐。"化",郑玄注:"犹生也"。天地和谐,故能化生万物。天地之和就是"地气上齐,天气下降,阴阳相摩,天地相荡,鼓之以雷霆,奋之以风雨,动之以四时,暖之以日月,而百化兴焉。如此,则乐者天地之和也"(《礼记·乐记》)。

此外,《管子·内业》篇中说:"凡人之生也,天出其精,地出其形,合此以为人。和乃生,不和不生。察和之道,其精不见,其征不丑。"《淮南子·氾论训》说:"天地之气,莫大于和。和者,阴阳调,日夜分,而生物。春分而生,秋分而成,生与之成,必得和之精。"高诱注:"和故能生万物。"王充也说:"夫治人以人为主,百姓安而阴阳和,阴阳和则万物育,万物育则奇瑞出。"(《论衡·宣汉》)从这些论说中可以看出,中国古代的思想家都一致认为,天地阴阳的和谐是万物创生的根本动因。

综上所述,中华文明所具有的和平性,以深厚博大的中国哲学为基础，体现在中华文明的方方面面。中华文明之所以能够延续数千年，至今依然枝繁叶茂、果实累累，和平性及其所蕴含的无限生机是中华文明生生不已的内在动因。

第四章
太平理想——中华文明和平性的追求

中华民族是爱好和平的民族，和平性是中华文明所具有的突出特性之一，体现在中华文明的各个方面。在中国思想文化史上，自先秦诸子百家开始，就一直在追求建立一个和平美好的理想社会，并且提出了各种类型的理想社会模式。中国传统文化以及传统士大夫的理想与抱负就是"为万世开太平"，中国文化当中的各个流派都创造出各自的理想社会形态，虽然具体内容各有不同，但是和平公正是其共同的特征。因此，追求美好的理想生活，建立和平公正的理想社会，是中华文明和平性的一个重要体现，而且一直是激发中华文明不断向前发展的价值引导。

孔子提出了"天下有道"，战国时期的儒家学者提出了"大同"理想，《周礼》提出了以统一王权为核心的国家机构体制设计，老子提出了"小国寡民"，庄子提出了"至德之世"，墨子提出了兼爱非攻、尚贤尚同的理想，法家提出了"一断于法"的理想，等等，战国诸子各家各派都根据自己的思想主旨提出了对于理想社会的设计和安排，有的是对现实社会的升华，有的是对现实的批判，有的则是浪漫的遐想。先秦诸子的这些思想都具有重要的理论意义，而且对于后来的文化发展也产生了深远的影响。

汉魏之际形成的《太平经》是一部道教经典，但其中也吸收了一些先秦儒家等诸子百家的思想，提出了一个"太平"的理想社会图景。《太平经》所理解的"太平"是："太者，大也，乃言其积大行如天，凡事大也，无复大于天者也。平者，乃言其治太平均，凡事悉理，无复奸私也；平者，比若地居下，主执平也，地之执平也。"[1]这里所说的太平就是最大的公平。这样的太平理想社会，万物兴盛，生活幸福，社会太平，没有灾病，没有战乱，典型地反映了普通民众对于太平理想社会的追求。东晋时期陶渊明创作的《桃花源记》，形象地描绘了一幅生活和平、幸福的美丽图景。桃花源不是宗教许诺的虚幻的天国，而是现实生活的真实体现，这里有社会生产，有人伦秩序，但没有战争，没有饥馑，也没有压迫。这种和平图景典型地反映了中国传统文化"一个世界"的特

---

[1] 王明编：《太平经合校》，北京：中华书局，1960年，第148页。

征，即不在理想的彼岸世界去寻找一个超越现实的美满世界，而是在现实世界当中去建立美满的生活。

中国传统思想文化中的理想社会模型，不仅是思想史研究的重要内容，而且这些理想社会的愿景也刺激了历史上的变革与革新，推动了历史的发展与进步，如《太平经》在汉魏时期道教的斗争中起到的作用；"大同"理想在近代革命中所起到的引领革命思潮的作用等。整体而言，中国传统思想当中的理想社会图景以《礼记·礼运》篇提出的"大同"理想最有代表性，也最有意义。其实，大同也就是太平。研究中国传统文化中丰富多彩的理想社会，尤其是研究以"大同"为代表的对于太平理想的追求，不但可以加深对于中华文明和平性的深入理解，而且对于当代建设和谐社会、构建人类命运共同体，也有一定的参考意义。

第一节 "大同"理想

在中国思想史上的各种类型的理想社会模式当中，影响最为深远的当属儒家提出的"大同"理想。

《礼记·礼运》开篇就说：

> 大道之行也，天下为公。选贤与能，讲信修睦。故人不独亲其亲，不独子其子，使老有所终，壮有所用，幼有所长，矜寡孤独废疾者皆有所养，男有分，女有归。货恶其弃于地也，不必藏于己；力恶其不出于身也，不必为己。是故谋闭而不兴，盗窃乱贼而不作，故外户而不闭。是谓大同。

"大同"，郑玄注："同，犹和也、平也"[1]。按照郑玄的理解，"大同"就是儒家构想的太平之世。按照《礼运》篇的记载，"大同"是孔子向子游讲述的五帝时期的社会状况，其主体思想是"天下为公"。"公"的意思是"平分"（《说文解字》），这是中国传统政治思想当中最早提出的政治理念，即政治要实现公平、公正。《尚书·洪范》记载的箕子向周武王讲述的统治大法就有："无偏无颇，遵王之义。无有作好，遵王之道。无有作恶，遵王之路。无偏无党，王道荡荡。无党无偏，王道平平。"这里的核心意思是为政要公平、不结党营私，这是实现王道的基本准则。

《洪范》篇代表了早期政治的基本理念，这些理念也被

---

[1] （唐）孔颖达《礼记正义》，上海：上海古籍出版社，2008年，第875页。

后世的诸子百家所继承。如孔子说:"丘也闻有国有家者,不患寡而患不均,不患贫而患不安。盖均无贫,和无寡,安无倾。"(《论语·季氏》)《春秋繁露·度制》篇引孔子之言曰"不患贫而患不均",因此俞樾《诸子平议》就认为,"'寡''贫'二字传写互易"[1]。"均"历代都释为"均平",刘宝楠更明确地说:"'均'者,言班爵禄、制田里皆均平也。"又说:"贫由于不均,故下文言'均无贫'。"[2]在孔子看来,治理国家的重要方面就是要实现均平,只有均平才能实现国家的富强和社会的和谐稳定。另外,老子也说"天地不仁"(《老子·五章》),又说"天地无亲"(《老子·七十九章》);庄子说"天无私覆,地无私载"(《庄子·大宗师》);墨子说"天之行广而无私,其施厚而不德,其明久而不衰,故圣王法之"(《墨子·法仪》)。这都是说,天道公正而无私,因此圣王为政就要效法天道,做到公平公正。

《吕氏春秋·贵公》又说:

> 昔先圣王之治天下也,必先公。公则天下平矣。平得于公。尝试观于上志,有得天下者众矣,其得之以公,其失之必以偏。凡主之立也,生于公。……天下,非一

---

[1] 黄怀信:《论语汇校集释》,上海:上海古籍出版社,2008年,第1459页。
[2] (清)刘宝楠:《论语正义》,北京:中华书局,1990年,第649页。

人之天下也，天下之天下也。阴阳之和，不长一类；甘露时雨，不私一物；万民之主，不阿一人。

由此可知，天下为公的基本含义就是要实现社会的公正。这与先秦时代的思想主流是一致的。

除此之外，《礼运》大同理想的"天下为公"，更为重要的是指天子之位也要为天下公有。郑玄注："公，犹共也。禅位授圣，不家之。"[1] 按照这样的理解，"大同"的主要特征是实行禅让。孔颖达进一步指出：

"天下为公"者，谓天子位也。为公谓揖让而授圣德，不私传子孙，即废朱、均而用舜、禹是也。"选贤与能"者，向明不私传天位，此明不世诸侯也。国不传世，唯选贤与能也，黜四凶、举十六相类是也。……"故人不独亲其亲，不独子其子"者，君既无私，言信行睦，故人法之，而不独亲己亲，不独子己子。"使老有所终"者，既四海如一，无所独亲，故天下之老者皆得赡养，终其余年也。……[2]

---

[1] （唐）孔颖达：《礼记正义》，上海：上海古籍出版社，2008年，第875页。
[2] 同1，第878页。

据此可知，"不独亲其亲，不独子其子"，"男有分，女有归"等，都是在"天下为公"的前提之下，人们淳朴无私、社会和谐美好的具体表现。

在《论语》等早期儒家文献当中并没有出现"大同"这样的说法，因此以往有学者从思想史的角度认为这不是儒家的思想，而是受到了墨家"尚同"思想的影响，甚至是墨家的思想。但从思想实质来看，"大同"的思想内涵其实已经蕴含在孔子的思想当中，是孔子以来的早期儒学当中的一项重要内容。

从《论语》中我们可以看出，孔子盛赞周礼，认为"周监于二代，郁郁乎文哉，吾从周"（《论语·八佾》）。"从周"是孔子对待周礼以及三代文化的基本态度。但同时孔子也极为赞赏尧、舜。他说："巍巍乎！舜、禹之有天下也，而不与焉。"（《论语·泰伯》）何晏《集解》曰："美舜、禹己不与求天下而得之也。"皇侃《义疏》也说："舜受尧禅而有天下，禹受舜禅而有天下，此二圣得时有天下，并非身所预求，而君自禅之也。"[1] 根据这些汉魏古注可知，孔子之所以赞美舜和禹，是因为他们是由禅让而得天下。何晏和皇侃都将"不与"释为"不与求"，即并非主动获取而得。朱子《集注》将"不与"

---

1 黄怀信：《论语汇校集释》，上海：上海古籍出版社，2008年，第717—718页。

释为"不相关,言其不以位为乐也"[1],意思也相近。杨伯峻先生则直接读为"预"(音),释义为"参与,关联。这里含着'私有''享受'的意思"[2]。经这样一解释,意思就更加直接、明了了。同时,孔子又说:"大哉,尧之为君也!"(《论语·泰伯》)孔子之所以称赞尧,据皇侃的注释,也是因为尧"为禅让之始,故孔子叹其为君之德大也"[3]。据此,孔子之所以盛赞尧、舜、禹,都是因为他们有德而实现禅让,不以天下为私有。

孟子也有同样的看法。孟子曾说:

> 尧以不得舜为己忧,舜以不得禹、皋陶为己忧。……为天下得人者谓之仁。是故以天下与人易,为天下得人难。孔子曰:"大哉,尧之为君!惟天为大,惟尧则之。荡荡乎民无能名焉!君哉舜也!巍巍乎有天下而不与焉!"尧舜之治天下,岂无所用其心哉?亦不用于耕耳。(《孟子·滕文公上》)

孟子这里引述了《论语·泰伯》篇中孔子盛赞尧、舜的两段话,尧、舜以"得人"为己忧,刘宝楠就认为,"以'不

---

[1] (宋)朱熹:《论语集注》卷四,《四书章句集注》,北京:中华书局,1983年,第107页。
[2] 杨伯峻:《论语译注》,北京:中华书局,1980年,第82页。
[3] 黄怀信:《论语汇校集释》,上海:上海古籍出版社,2008年,第720页。

与'为任贤使能,乃此文正诂。必言'有天下'者,舜、禹以受禅有天下,复任人治之,而己无所与,故舜复禅禹,禹复禅益也"[1]。其实,汉代学者也正是从受禅、任贤的角度来理解《论语》中孔子称赞尧、舜、禹的这两句话的。《汉书·王莽传上》:太后下诏曰:"……故选忠贤,立四辅,群下劝职,永以康宁。孔子曰:'巍巍乎,舜、禹之有天下而不与焉!'"又《论衡·语增》:"舜承安继治,任贤使能,恭己无为而天下治。故孔子曰:'巍巍乎,舜、禹之有天下而不与焉。'"清代毛奇龄《论语稽求篇》引述了这些资料后认为:"任贤使能,为无为而治之本。"敦煌本《论语》郑玄注就说:"美其有成功,能择任贤臣。"可证清人的解释是准确的。

孔子称赞尧、舜,除了禅让以得天下之外,就是选贤任能,这也是儒家所说的"无为"的本义。孔子曾说:"无为而治者,其舜也与!夫何为哉?恭己正南面而已矣。"(《论语·卫灵公》)因此,从《论语》来看,孔子既称赞尧、舜的禅让之德,又赞美三代之礼,二者是同等的,并没有彼此高低上下之别。从整体上说,孔子虽然没有提到"大同""小康"这两个术语,但《礼记·礼运》记载的大同和小康思想的实质,与《论语》中所记述的孔子思想是一致的。《礼运》篇是孔子和弟子子游的对话,一般认为是子游一派的作品。这也说

---

[1] (清)刘宝楠:《论语正义》,北京:中华书局,1990年,第307页。

明"大同"理想是孔门后学在孔子思想的基础之上提出的一种理想社会模型。

除此之外,这些年新发现的一些竹简也反映了早期儒家所重视的禅让思想,从而也可以从另外一个方面说明,尧、舜禅让确实是早期儒家思想当中的重要内容。郭店竹简《唐虞之道》说:"唐虞之道,禅而不传。尧、舜之王,利天下而弗利也。禅而不传,圣之盛也。利天下而弗利也,仁之至也。"其中"利天下而弗利也",和《礼运》所说的大同之世"货恶其弃于地也,不必藏于己;力恶其不出于身也,不必为己"是很相近的。此外,《唐虞之道》还说:"禅也者,上德授贤之谓也。上德则天下有君而世明,授贤则民举效而化乎道。"这里说得更加明确,所谓唐虞之道,就是禅让和授贤。郭店竹简《子羔》也说:"昔者而弗世也,善与善相授也,故能治天下,平万邦"。这里的"世",就是《礼运》所说的"大人世及以为礼"之"世及",也就是世袭的意思。因此,《子羔》篇所说的"昔者而弗世也",意思和《礼运》所说的"大同"是相同的。另外,上海博物馆所藏简《容成氏》记述了尧之前二十几位(据整理者估计,约有二十一位)上古帝王"皆不授其子而授贤",并说"尧以天下让于贤者,天下之贤者莫之能受也,万邦之君皆以其邦让于贤"。这一批竹简现在一般认为和郭店楚简同一时代,是战国中期;孔、孟之间的文献,将这些竹简和传世文献结合起来可以看出,禅让、尚贤是早期儒家非常重视的一种思想。

从上文的论述来看,孔子称赞尧、舜、禹,是因为他们因具有德性而实行了禅让,这是儒家肯定尧、舜的基本原因。这种重视禅让、强调天下公有的思想在战国时期更为浓厚,除儒家之外,墨家、道家甚至法家也都有重视禅让的思想,这说明在战国中前期出现了一个较为流行、较为宽松的讲"禅让"之说的大环境。《礼运》"大同"思想不但可以与孔子的思想相联系,而且与战国中期的时代氛围和思想环境也是非常协调一致的。

综上所述,"大同"是战国中期的儒家学者在孔子思想的基础之上构想出来的一个理想社会,其核心思想是"天下为公"。它和墨家的兼爱、尚同思想不同,也和老子的"小国寡民"不同。"大同"社会也有礼,例如王夫之认为,《礼运》关于大同的种种描述,"皆民俗之厚,不待教治,而无非礼意之流行也"[1]。在王夫之看来,"大同"与"小康"只是礼的不同运行的体现,不能说"大同"就没有礼。王夫之的看法是非常深刻的。他指出大同之世民风淳朴,社会和谐美满,这就是礼的体现,也是礼的最高境界。由此可知,"大同"反映的是典型的儒家思想,是一种儒家式的理想社会模式。

---

[1] (明)王夫之:《礼记章句》卷九《礼运》,长沙:岳麓书社,2011年,第537页。

第二节 "大同"理想的发展

《礼运》的"大同"理想对于中国思想以及社会产生了深远的影响。后世出现的很多对理想社会的设想和论述,有的直接继承了"大同"理想,有的虽然在思想学术渊源上和《礼运》没有太直接的关系,但在思想实质上仍继承了"大同"的某些特征。因此,"大同"在整体上代表了中国古代社会对于太平之世的理想设计与安排。

第一,《春秋》三世说。

汉代的《春秋》公羊学提出了"三世说",认为人类社会的发展是由衰乱世经由升平世而最终达到太平世。按照这种说法,"升平世"已经进入文明社会,相当于《礼运》篇所说的"小康"。而"太平世"就是社会进入最高的理想社会,相当于"大同"。到了太平世,天下一家,中国一人,社会的文明程度达到了最高水准,没有内外、诸夏夷狄的区别,这时的社会只靠仁义道德就可以维持了。如汉代经学家何休在《春秋公羊传解诂》中说:

于所传闻之世,见治起于衰乱之中,用心尚麤觕。

故内其国而外诸夏，先详内而后治外，录大略小，内小恶书，外小恶不书，大国有大夫，小国略称人，内离会书，外离会不书是也。于所闻之世，见治升平，内诸夏而外夷狄，书外离会，小国有大夫，宣十一年"秋晋侯会狄于攒函"，襄二十三年"邾娄劓我来奔"是也。至所见之世，著治大平，夷狄进至于爵，天下远近小大若一，用心尤深而详。故崇仁义、讥二名，晋魏曼多、仲孙何忌是也。[1]

按照何休公羊学的理论，三世不同，治法也有详略之异。所传闻之世就是衰乱世，以中国为内，而详于中国；所闻之世就是升平世，以诸夏为内，而详于诸夏；所见之世就是太平世，这时天下大同，远近大小若一，因此治法也就没有彼此的区别了。

到了近代，在激烈的社会变革刺激之下，传统思想与外来思想杂糅融合，儒家的大同说、三世说，与西方近代乌托邦思想甚至宗教思想相互结合，形成了具有近代特点的思想内容，但其中依然反映了中国文化对于太平之世的向往。如太平天国领导人洪秀全创作的《原道觉世训》中就说"天下总一家，凡间皆兄弟"，"此圣人所以天下一家，时廑民吾

---

[1] 《春秋公羊传注疏·隐公元年》，上海：上海古籍出版社，2014年，第38页。

同胞之怀而不忍一日忘天下"[1]。洪秀全虽然吸收了一些基督教的思想,但他这里所说的依然是传统中国文化当中对于均平的强烈向往。他甚至说:"遐想唐虞三代之世,天下有无相恤,患难相救,门不闭户,道不拾遗,男女别途,举选尚德。"[2]这里显然都是受到了《礼运》"大同"之世的影响。

康有为是近代著名的《春秋》公羊学家,他在1884年撰写的《礼运注》,以公羊学的《春秋》三世说解释《礼运》篇。康有为认为孔子说的大道就是"人理至公,太平世大同之道也"。他认为"天下为公"就是:"天下国家者,为天下国家之人公共同有之器,非一人一家所得私有,当合大众公选贤能以任其职,不得世传其子孙兄弟也,此君臣之公理也。"[3]这就是说,大同太平之世就是国家为全面公有,而且人人平等,无种族、无国界,他说:

> 惟天为生人之本,人人皆天所生而直隶焉,凡隶天之下者皆公之,故不独不得立国界,以至强弱相争,并不得有家界,以至亲爱不广,且不得有身界,以至货力自为。故只有天下为公,一切皆本公理而已。公者,人

---

[1] 中国史学会主编:《太平天国》(中国近代史资料丛刊)第一册,上海:上海书店出版社,2023年,第92—93页。
[2] 同1,第91页。
[3] 康有为:《孟子微 礼运注 中庸注》,北京:中华书局,1987年,第239页。

人如一之谓，无贵贱之分，无贫富之等，无人种之殊，无男女之异。……此大同之道，太平之世行之。惟人人皆公，人人皆平，故能与人大同也。[1]

由此可以看出，康有为构想的大同太平之世既有传统儒家的理论，同时也吸收了近代西方的一些乌托邦思想。虽然有很多空想甚至是很激进的成分，如取消家庭，但也体现了中国传统"大同"理想的最高境界。

总之，公羊学的三世说，尤其是其中的太平世，是春秋公羊学融合了《礼运》的大同说而形成的一种理论。太平世是社会发展的最高形态，也是最理想的社会。这种思想和近代以来的社会发展论相契合，因而在近代社会产生了非常大的影响。

第二，太平之世。

中华文明的主体是农业文明。农业社会安土重迁，期盼风调雨顺，耕者有其田，社会安定，子孙蕃衍，没有饥馑和战争的侵扰，这是人们对于太平盛世主要的设想。早期道教的经典《太平经》融汇了儒道以及一些其他的思想，提出的太平理想反映了社会普通民众对于理想社会的想象。

《太平经》认为的太平是：

---

[1] 康有为：《孟子微 礼运注 中庸注》，北京：中华书局，1987年，第240页。

> 天地阴阳万物，上下相爱相治，立功成名，使心治一家，使人不复相憎恶，常乐合心同志。令太和之气日自出，而大兴平，六极同心，八方同计。[1]

> 太平者，乃无一伤物，为太平气之为言也。凡事无一伤病者，悉得其处，故为平也。[2]

> 令天下俱得诵读正文，如此天气得矣，太平到矣，上平气来矣，颂声作矣，万物长安矣，百姓无言矣，邪文悉自去矣，天病除矣，地病亡矣，帝王游矣，阴阳悦矣，邪气藏矣，盗贼断绝矣，中国兴盛矣，称上三皇矣，夷狄却矣，万物茂盛矣，天下幸甚矣，皆称万岁矣。[3]

第一句是对太平理想总体的描述，即天地、阴阳和谐，与之相对应的是社会和谐，万众一心。下面两句则是对太平图景的具体描述，这就是万物兴盛，生活幸福，社会太平，没有灾病，没有战乱。这种社会图景典型地反映了一般普通民众对于太平理想社会的追求。在太平社会，人们根据自己的能力做该做和能做之事，"因其材能所及"，不"强作其

---

[1] 王明编：《太平经合校》，北京：中华书局，1960 年，第 216 页。
[2] 同 1，第 398 页。
[3] 同 1，第 192 页。

所不及,而难其所不能"[1],这就是"百姓无言"的含义。

另外,太平之世是财产公有,"此财物乃天地中和所有,以共养人也。此家但遇得其聚处,比若仓中之鼠,常独足食,此大仓之粟,本非独鼠有也;少内之钱财,本非独以给一人也;其有不足者,悉当从其取也"[2]。人人劳动,"天生人,幸使其人人自有筋力,可以自衣食者。而不肯力为之,反致饥寒,负其先人之体。而轻休其力,不为力可得衣食,反常自言愁苦饥寒。但常仰多财家,须而后生,罪不除也"[3]。相爱互助,"常言人无贵贱,皆天所生",因此对于他人要"爱之慎之念之,慎勿加所不当为而枉人,侵克非有"[4]。太平就是要求"人民相爱,万物各得其所"[5]。免除刑罚,"圣人治,常思太平,令刑格而不用也"[6]。圣人治理的社会"得天下之欢心,其治日兴太平,无有刑,无穷物,无冤民"[7]。

总之,《太平经》所反映的是普通社会民众对于太平理想的朴素追求。在传统的农业社会,土地是最重要的财产,无论是天下为公,还是财产公有,对于广大民众来说就是耕者有其田。因此历代不断有人主张要"均贫富",也有一些

---

1 王明编:《太平经合校》,北京:中华书局,1960年,第202页。
2 同1,第247页。
3 同1,第242—243页。
4 同1,第576页。
5 同1,第216页。
6 同1,第80页。
7 同1,第206页。

儒家学者主张要恢复传统的井田制，其实都是针对着土地集中导致的社会矛盾而言的。

到了近代，太平天国颁布的《天朝田亩制度》中依然规定：

> 凡分田，照人口，不论男妇，算其家口多寡，人多则分多，人寡则分寡。杂以九等，如一家六人，分三人好田，分三人丑田，好丑各一半。凡天下田，天下人同耕，此处不足则迁彼处，彼处不足则迁此处。凡天下田，丰荒相通，此处荒则移彼丰处以赈彼荒处，彼处荒则移此丰处以赈彼荒处。务使天下共享天父上主皇上帝大福，有田同耕，有饭同食，有衣同穿，有钱同使，无处不均匀，无人不饱暖也。[1]

"有田同耕，有饭同食"显然是传统社会普通民众对于太平之世最为直接和朴素的愿求。如果说"大同"是儒家知识分子对于理想社会的设想，那么从《太平经》到太平天国颁布的《天朝田亩制度》则代表了中国传统社会当中普通民众对于美好社会的理想和追求。"田产均耕"，平分土地，

---

[1] 中国史学会主编：《太平天国》（中国近代史资料丛刊）第一册，上海：上海书店出版社，2023年，第321页。

传统社会里农民的这些追求虽然流于空想，甚至都从未实行过（如《天朝田亩制度》就基本未被实行），但他们也代表了中国文化当中普通民众对于公平与和平的追求，在思想史上应当有一定的意义。

第三，"民胞物与"的社会理想。

《礼运》所描绘的大同理想中就包括"人不独亲其亲，不独子其子"。后来儒家更加发挥了这种思想，同时也融汇了墨家的兼爱主张，到宋代以后逐渐形成了民胞物与、万物一体的思想，这也达到了传统儒家思想对于理想社会的最高追求与设定。

孟子就主张"亲亲而仁民，仁民而爱物"（《孟子·尽心上》），要将一己之仁德推广到天地万物。北宋时期的程颢也说："仁者，以天地万物为一体，莫非己也。认得为己，何所不至？若不有诸己，自不与己相干。如手足不仁，气已不贯，皆不属己。"[1] 程颢说的就更加明确，认为儒家所讲的仁就是要体会到天地万物与自己为一体，皆与自己相关。如果对万物没有感受，就如同手足麻痹一样。

张载继承了《礼运》篇的"大同"理想以及儒家对于理想社会的追求，同时也吸取了一些西周时期的宗法思想，在《西铭》中提出了一个"民胞物与"的理想社会图景。

---

[1] 《河南程氏遗书》卷二上，《二程集》，北京：中华书局，1981年，第15页。

《西铭》原是张载在关中讲学时为东西二牖所写的铭文，左为《砭愚》，右为《订顽》。张载曾说："《订顽》之作，只为学者而言，是所以订顽。"[1]后来程颐将其改为《东铭》《西铭》。《订顽》即《西铭》。后二铭编入《正蒙》的第十七篇《乾称》之首尾，但《西铭》依然不失为一篇独立的著作。它不但在张载关学的建构中具有重要的地位和意义，同时也对而后理学的发展起过重要的刺激和推动作用。其中蕴含的"乾父坤母""民胞物与"的思想，是对儒学义理形象而深入的阐发，在理学史上受到尊理学和反理学两派共同的推崇。如程颢说："《订顽》一篇，意极完备，乃仁之体也。学者其体此意，今有诸己，其地位已高。"又说："《西铭》某得此意，只是须得他子厚有如此笔力，他人无缘做得。孟子以后，未有人及此。得此文字，省多少言语。"[2]程颐也说："孟子而后，却只有《原道》一篇，其间语固多病，然要之大意尽近理。若《西铭》，则是《原道》之宗祖也。《原道》却只说到道，元未到得《西铭》意思。据子厚之文，醇然无出此文也，自《孟子》后，盖未见此书。"[3]二程的看法奠定了理学史上对《西铭》的基本评价，直至清初编定的《御纂性理精义》，依然认为《西铭》是"有宋理学之宗祖"。

1　《张子语录》上，《张载集》，北京：中华书局，1978年，第313页。
2　《河南程氏遗书》卷二上，《二程集》，北京：中华书局，1981年，第15、39页。
3　同2，第37页。

从理学与现代哲学研究来看，自二程开始就认为《西铭》讲的是"理一分殊"。但是从《西铭》的文本本身来看，其主体内容还是张载提出的"民胞物与"的理想社会模式。《西铭》是张载采辑和化用儒家经典而成的，虽然全篇只有二百五十余字，但语势宏大，其中最为核心的是开篇的前三句："乾称父，坤称母；予兹藐焉，乃混然中处。故天地之塞，吾其体；天地之帅，吾其性。民吾同胞，物吾与也。"首句"乾父坤母"是张载天人一气哲学思想的通俗表达，也是儒学性与天道合一的本体论思想的体现。第二句"性帅天地"是张载根据传统儒家经典《周易》《中庸》的理论，从"乾父坤母"得出的必然结论，即天人合一。张载认为，气聚则形成天地万物，既然人与天地万物的本体都是"太虚之气"，那么统帅天地万物之性也就是人性。人性和天地万物之性是共通的。第三句即"民胞物与"。张载认为，在这个世界里，人人与我同生于天地之间，都是我的同胞兄弟。同样，天下万物也与我一样，都生于天地之间，也都是我的同类伙伴。这和传统儒家所说的"亲亲仁民爱物"的思想也是一致的。在这样的社会当中，君主是天地的长子（"宗子"），大臣是协助君主掌管天地之业的助手（"家相"）。人人尊老爱幼，这也就是孟子所说的"老吾老以及人之老，幼吾幼以及人之幼"（《孟子·梁惠王上》），也是儒家仁政理想的再现。《西铭》

把人与存在于宇宙之中的万物看作是一个大家庭,人和万物都是这个大家庭当中的平等成员,用形象的话语说明了儒家最高的理想社会和理想境界。

北宋时期的理学家张载提出的"民胞物与"的思想,继承了传统儒家天地人一体的思想,而且对于后世也产生了深远的影响。程颢就说过"仁者以天地万物为一体"。后来王阳明在《拔本塞源论》中更加明确地说:"夫圣人之心,以天地万物为一体,其视天下之人,无外内远近,凡有血气,皆其昆弟赤子之亲,莫不欲安全而教养之,以遂其万物一体之念。"(《传习录》中)王阳明认为,圣人"心学纯明,而有以全其万物一体之仁,故其精神流贯,志气通达,而无有乎人己之分、物我之间。譬之一人之身,目视、耳听、手持、足行,以济一身之用。目不耻其无聪,而耳之所涉,目必营焉;足不耻其无执,而手之所探,足必前焉。盖其元气充周,血脉条畅,是以痒疴呼吸,感触神应,有不言而喻之妙。"(《传习录》中)王阳明认为,圣人能够致其良知,因此其学"至易至简",能够充分发挥万物一体之仁。这是其心学纯明的体现,同时王阳明也贯彻了儒学内圣外王的思想,"万物一体之仁"不仅是致良知的体现,同时也要外显于社会当中。

仁者要以天地万物为一体,因此对于他人的痛苦就会有切身的感受。王阳明《答聂文蔚》:"天地万物本吾一体者也。

生民之困苦荼毒，孰非疾痛之切于吾身者乎？不知吾身之疾痛，无是非之心者也。……世之君子惟务其良知，则自能公是非，同好恶，视人犹己，视国犹家，而以天地万物为一体，求天下无治，不可得矣。"（《传习录》中）王阳明认为，孔子说的"吾非斯人之徒与而谁与""欲洁其身而乱大伦"等，都是"天地万物一体之仁，疾痛迫切，虽欲已之而自有所不容已"的体现，也就是孔子"天地万物一体之仁"的体现。

王阳明的思想以及中国哲学中的"万物一体"思想当然也包含有理想境界的含义，但王阳明同时也将其指向了社会的博施济众、仁民爱物的另外一个层面。王阳明的这个理想，建立在人人均有的良知基础之上，以此来达到天地万物一体的境界，并且实现社会的大治，这是儒家最高的理想社会，也是传统儒家对于理想社会的最高表达。

第三节　王道理想

《礼记·礼运》篇提出的"大同"理想是中国传统思想文化当中对于理想社会的集中体现，也反映了中华文明对于太平之世的不懈追求。同时，《礼运》在"大同"之后紧接着还讲到了"小康"。一般认为，"小康"是三王之世。孔子推崇周礼，认同"天下有道，礼乐征伐自天子出"的周礼。三代理想是儒家在夏商周历史的基础之上建构出来的一个理想的政教模式。相对于"大同"，三代是圣王相延、礼乐兴盛，三代理想更加具体、现实，而且儒家也提出了一些实现王道理想的具体措施。因此，我们在论述中国传统思想文化当中的"大同"理想的时候，也有必要论及三王之世即王道理想。王道理想同样体现了儒家对于理想社会的设想与追求，王道理想中同样蕴含着中华文明的和平特性。

在儒家思想当中，王道理想就是历史上的"三代"。"三代"不仅是儒家在夏商周历史的基础之上，塑造出来的一个理想的政教模式，也是儒学的价值源头。孔子的文化理想和政治理想是"从周"，对于商周以来的历史和文化，孔子都有了解，并且经常将夏商周相提并论，这说明他已具有了明确的"三代"意识。《论语》记载：

> 子曰："夏礼，吾能言之，杞不足征也；殷礼，吾能言之，宋不足征也。文献不足故也，足则吾能征之矣。"（《论语·八佾》）
>
> 子曰："殷因于夏礼，所损益可知也；周因于殷礼，

所损益可知也。其或继周者,虽百世,可知也。"(《论语·为政》)

子曰:"周监于二代,郁郁乎文哉,吾从周。"(《论语·八佾》)

战国时期,孟子、荀子以及其他一些早期儒家学者更明确地将三代看作一个历史整体。孟子说:"诸侯之礼,吾未之学也。虽然,吾尝闻之矣。三年之丧,齐疏之服,饘粥之食,自天子达于庶人,三代共之。"(《孟子·滕文公上》)又说:"设为学校庠序以教之。庠者养也,校者教也,序者射也。夏曰校,殷曰序,周曰庠,学则三代共之,皆所以明人伦也。"(《孟子·滕文公上》)孟子是从礼的角度提出三代是一个整体。荀子也说:"道不过三代,法不二后王;道过三代谓之荡,法二后王谓之不雅。"(《荀子·王制》)言必称三代逐渐成为儒家的共识。

从孔子、孟子以及《礼记》对三代的叙述可见,儒家的三代理想主要体现在两个方面。

第一,三代是礼乐盛世。三代之所以为一个整体,其根本在礼。儒家认为,三代前后相承的是礼,是礼把三代连接为一个历史文化整体。这是儒家关于三代的基本看法,也是最有意义的思想。《论语·为政》篇记载,子张向孔子请教:

"十世可知也？"《太平御览》卷五百二十三引郑玄注曰："世谓易姓之世也，问其制度变易如何。"孔子是通过三代之礼的"损益"来回答这个问题的。一般而言，此章都是以夏礼、殷礼断句，即："子曰：'殷因于夏礼，所损益，可知也；周因于殷礼，所损益，可知也。'"但是，《汉书》卷六十《杜周传》载杜钦奏曰："殷因于夏，尚质；周因于殷，尚文。"《汉书·地理志》："殷因于夏，亡所变改。"《汉书》卷五十六《董仲舒传》："夏因于虞。"裴骃《史记集解》引《乐记》郑玄注："殷因于夏，周因于殷。"从这些汉人的说法中可知，《论语》此章所记孔子之言当作"殷因于夏，礼所损益，可知也。周因于殷，礼所损益，可知也"。刘宝楠就持这样的看法，认为"今人以'礼'字断句者，误也"[1]。此说更明确地突出了"三代"是以礼之损益为本质特征的。

孔子是以礼的"损益"来论述三代的，《礼记》显然按照孔子的思路，更加详细地叙述了三代礼制在各个方面的损益变化。《礼记·礼器》篇又进一步总结说"三代之礼一也，民共由之"，是礼将"三代"整合在一起的。

第二，三代之所以成为一个整体，成为儒家的理想时代，另一重要因素是德。正是德与礼的相互变奏使三代成为儒家文明与价值的源头。孟子从整体上对三代历史进行了总结：

---

[1] （清）刘宝楠：《论语正义》卷二《为政》，北京：中华书局，1990年，第72页。

"三代之得天下也以仁,其失天下也以不仁。"(《孟子·离娄上》)孟子认为,桀、纣之失去天下,是由于他们因无德而失去了民心。孟子曰:

> 桀、纣之失天下也,失其民也。失其民者,失其心也。得天下有道:得其民,斯得天下矣。得其民有道:得其心,斯得民矣。得其心有道:所欲,与之聚之;所恶,勿施尔也。民之归仁也,犹水之就下、兽之走圹也。故为渊驱鱼者,獭也;为丛驱爵者,鹯也;为汤、武驱民者,桀与纣也。(《孟子·离娄上》)

荀子也认为,"汤、武存则天下从而治,桀、纣存则天下从而乱"(《荀子·荣辱》),而桀、纣之所以为乱,是因为他们道德品性低劣,不行仁政,"其善者少,不善者多,桀、纣、盗跖也"(《荀子·劝学》)。正是因为他们失了天下民心,最终导致败亡。

儒家的"三代"理想虽然是在三代历史基础上形成的理想社会形态,儒家复三代也并非仅仅是复古倒退,而是提出了一些比较具体、切实的措施,这些内容对于研究儒家的政治思想,对于理解儒学与社会的关系,都有很重要的意义。以战国时期为例,儒家提出了一系列主张,如孟子在孔子思想的基础上进一步提出仁政的主张,荀子反复论述"王者之制",秦汉之际出现的《礼记·王制》篇,以及以统一王权为核心、以官制为构架的《周礼》,这些都是儒家三代理想的具体化。综合而言,这些内容就是王道理想,是儒家为复兴三代之礼、解决社会现实问题所提出的具体措施。儒家认为,实现王道理想,具体可以从这几个方面着手:

第一,制民之产,轻徭薄赋,使民以时。民是国之本。儒家的王道理想首先在于满足民众的基本生活需求。孔子重视"民、食、丧、祭"(《论语·尧曰》),认为一个国家的民众增多了以后,便要使民众富裕(见《论语·子路》)。他反对横征暴敛,主张"敛从其薄"(《左传·哀公十一年》),并且使用民力应该谨慎。孟子的仁政理想中,首要的任务也是要满足民众基本的生活需求。他在给梁惠王陈述仁政方案时指出:"五亩之宅,树之以桑,五十者可以衣帛矣。鸡豚狗彘之畜,无失其时,七十者可以食肉矣。百亩之田,勿夺其时,数口之家可以无饥矣。"(《孟子·梁惠王上》)孟子还主张"薄税敛"(《孟子·梁惠王上》),轻徭薄赋:"市,廛而不征,法而不廛,则天下之商皆悦,而愿藏于其市矣;关,讥而不征,则天下之旅皆悦,而愿出于其路矣;耕者,助而不税,则天下之农皆悦,而愿耕于其野矣;廛,无夫里之布,则天下之民皆悦,而愿为之氓矣。"(《孟子·公孙丑上》)

孟子还认为，民有恒产才会有恒心。民众"养生丧死无憾"是王道之始。

荀子指出，"王者富民"；反之，"富筐箧、实府库"是亡国之举（《荀子·王制》）。荀子也主张轻徭薄赋，使民以时，"田野什一，关市几而不征，山林泽梁以时禁发而不税。相地而衰政，理道之远近而致贡，通流财物粟米，无有滞留，使相归移也。四海之内若一家，故近者不隐其能，远者不疾其劳，无幽闲隐僻之国，莫不趋使而安乐之"（《荀子·王制》）。这些具体的主张与孟子很相近。

《礼记·王制》篇的主张也与此相同："司空执度，度地居民，山川沮泽，时四时，量地远近，兴事任力。""凡居民，量地以制邑，度地以居民，地、邑、民居，必参相得也。无旷土，无游民，食节事时，民咸安其居，乐事劝功。"这是要使民众有基本的生活保障。《礼记·王制》篇还认为："古者，公田藉而不税，市廛而不税，关讥而不征，林麓川泽以时入而不禁，夫圭田无征。用民之力，岁不过三日，田里不粥，墓地不请。"这些主张与孟、荀相同，都是从民众的基本生活着眼，是王道理想的基础。

第二，养老恤孤。孔子主张"老者安之"（《论语·公冶长》）。孟子追述了文王养老的故事（见《孟子·尽心上》），认为"养老尊贤"是仁政的主要内容之一（见《孟子·告子下》)。《礼记·王制》篇承袭孟子,详细叙述了四代养老之礼,主张"养耆老以致孝,恤孤独以逮不足"。荀子《王制》开篇就指出,对哑、聋、瘸、断手和发育不全特别矮小的"五疾"之人要"上收而养之,材而事之,官施而衣食之,兼复无疑",又说"收孤寡,补贫穷"。《周礼·地官·大司徒》把慈幼、养老、振穷、恤贫、宽疾、安富称为"保息六养万民"之说。这些主张可以称为王道理想的"社会保障"系统。

第三,尚贤使能,礼乐教化。儒家的政治主张是强调为政者的楷模、表率作用,因此主张任贤不任亲,重视礼乐的教化功能。孔子主张"举贤才"(《论语·子路》),孟子主张"尊贤使能,俊杰在位,则天下之士皆悦,而愿立于其朝矣"(《孟子·公孙丑上》)。荀子认为,"贤能不待次而举,罢不能不待须而废","庶人之子孙也,积文学,正身行,能属于礼义,则归之于卿相大夫"。因此,王道理想要不拘一格任用贤能,"无德不贵,无能不官"。(《荀子·王制》)《周礼·地官·乡大夫》对贤能之士的礼仪也有详细的规定:"三年则大比,考其德行、道艺,而兴贤者、能者,乡老及乡大夫帅其吏与其众寡,以礼礼宾之。厥明,乡老及乡大夫、群吏献贤能之书于王,王再拜受之,登于天府,内史贰之。"此后还要复查,看是否有遗漏的贤能之士。

王道理想当中虽然也包含有刑罚,但主要还是以礼乐的正面教化为主。孔子主张"先富后教",认为民众的生活富裕以后就要实施教化(见《论语·子路》),"不教而杀"是无道的行为(见《论语·尧曰》)。孟子也认为,民众的生活无饥寒之忧以后就要"谨庠序之教,申之以孝悌之义"(《孟子·梁惠王上》)。在孟子的仁政理想当中,教化有重要的地位:"设为庠序学校以教之。庠者养也;校者教也;序者射也。夏曰校,殷曰序,周曰庠;学则三代共之,皆所以明人伦也。人伦明于上,小民亲于下。有王者起,必来取法,是为王者师也。"(《孟子·滕文公上》)王念孙《广雅疏证》云:"'庠'训为'养','序'训为'射',皆是教导之名。"[1] 孟子通过对三代学校教化的追忆,说明教化就是使人知道父子、君臣之间的人伦道德。荀子《王制》篇也认为,在民众的基本生活满足以后,从地方长官直至诸侯、天子都要实施教化:"劝教化,趋孝弟,以时顺修,使百姓顺命,安乐处乡,乡师之事也";"论礼乐,正身行,广教化,美风俗,兼覆而调一之,辟公之事也"。《礼记·王制》篇更是对教化有详细的规定:"司徒修六礼以节民性,明七教以兴民德;齐八政以防淫,一道德以同俗;养耆老以致孝,恤孤独以逮不足;上贤以崇德,简不肖以绌恶。""乐正崇四术,立四教,顺先王《诗》《书》《礼》《乐》以造士:春秋教以《礼》

---

[1] 转引自杨伯峻:《孟子译注》,北京:中华书局,1960年,第122页。

《乐》，冬夏教以《诗》《书》。王大子，王子，群后之大子，卿、大夫、元士之適子，国之俊选，皆造焉。"《周礼》也极重视礼乐教化的作用。《天官·大宰》："以八统诏王驭万民：一曰亲亲，二曰敬故，三曰进贤，四曰使能，五曰保庸，六曰尊贵，七曰达吏，八曰礼宾。"在"八统"的基础上，《地官·大司徒》又有"十二教"：

> 一曰以祀礼教敬，则民不苟；二曰以阳礼教让，则民不争；三曰以阴礼教亲，则民不怨；四曰以乐礼教和，则民不乖；五曰以仪辨等，则民不越；六曰以俗教安，则民不愉；七曰以刑教中，则民不虣；八曰以誓教恤，则民不怠；九曰以度教节，则民知足；十曰以世事教能，则民不失职；十有一曰以贤制爵，则民慎德；十有二曰以庸制禄，则民兴功。

《大司徒》还有：

> 以乡三物教万民而宾兴之。一曰六德，知、仁、圣、义、忠、和；二曰六行，孝、友、睦、姻、任、恤；三曰六艺，礼、乐、射、御、书、数。

《周礼》提出的"十二教"以及"六德""六行"等，都是儒家思想的进一步展开，典型地反映了儒家以礼乐、道德教化百姓，实现社会和谐有序的政治主张和政治理想。总而言之，王道理想是儒家三代理想的具体化，它的各方面内容都是围绕现实政治和民众生活展开的。儒家学者一致认为，只要现实的君王稍作努力，不要为眼前的一时之利所迷惑，而作长远的打算，那么实现王道易如反掌："不王者，未之有也。"

综上所述，战国时期儒家学者提出的王道理想，是恢复三代、建立儒家理想的政教体制的具体措施。三代是一个理想的时代，是儒家政治理想和政治价值的标准。蒙文通先生在《儒家政治思想之发展》一文中开篇就说："秦汉间学者，言三代事，多美备，不惟信据。不信则摈疑之，诚是也。然学人必为说若是者，何耶？斯殆陈古刺今，以召来世。其颂述三古之隆，正其想望后来之盛，必曰古固如此，则诬；若曰后当如是，则其思深，其意远也。"又说："有素朴之三代，史迹也；有蔚焕之三代，理想也。以理想为行实，则轻信；等史迹于设论，则妄疑。"[1] 三代是儒家塑造的理想社会模型，正因如此，三代以及复三代之礼才会在历史上成为儒学复兴

---

[1] 蒙文通：《儒家政治思想之发展》，《儒学五论》，桂林：广西师范大学出版社，2007年，第33页。

的内在动因。

在中国思想史上,以大同为核心的"大同"理想和以三代为核心的"王道"理想,是儒家士大夫对于理想社会的设想与憧憬的主要类型,但"大同"和"王道"并不冲突,二者在价值层面是一致的。传统儒家士大夫都有"志于道",以仁为己任的责任意识,"为万世开太平"也是士大夫群体的最高理想,代表了中国文化的核心理念,同时也在某种程度上指引着社会的发展。正如习近平总书记多次指出的,中华民族历来爱好和平,以和为贵、天下大同的理念在中国世代相传,已经深深地根植于中华民族的精神世界之中。"中国人民怕的就是动荡,求的就是稳定,盼的就是天下太平。"[1] 中国人民的期盼与追求典型地反映在历史上出现的各种理想社会的模型当中。尤其是"大同"理想以及由此演化出来的民胞物与、万物一体的思想,代表了中国人对人类未来的思考,也是我们今天为解决人类未来发展走向而提出的构建人类命运共同体主张的思想渊源。这份宝贵的思想财富,值得我们认真总结并加以弘扬。

---

[1] 习近平:《论坚持推动构建人类命运共同体》,北京:中央文献出版社,2018年,第2页。

第五章
继往开来——中华人民共和国对中华文明和平性的继承与发展

　　中华文明具有的和平性根植于博大深厚的中国传统文化当中，也体现在中国古代数千年的历史进程中。正如习近平总书记多次指出的，中华民族历来爱好和平，对和平、和睦、和谐的追求深深根植于中华民族的精神世界之中。古代中国曾经长期是世界强国，但中国对外传播的是和平理念，输出的是丝绸、茶叶、瓷器等丰富物产。中国在人类几千年的文明发展中始终是和平的维护者。现代中国是古代中国的延续，也自然地秉承了中华文明的和平性。中华民族在经历了近代一百多年的艰苦斗争之后，取得了民族独立。中华人民共和国成立之后，我们在国内经济文化建设和国际交往中，都继承并发展了中国自古以来所提倡的"协和万邦""和而不同""己所不欲，勿施于人"的理念，提出的和平共处五项原则、构建和谐世界、构建人类命运共同体的主张，不但是我国对外交往的指导原则，同时也得到了世界大多数国家的认可，成为现代国际交往的基本准则，体现了中华文化对于世界发展的贡献。

第一节　和平共处五项原则

中华人民共和国成立后，我们党坚持独立自主的和平发展道路，提出和平共处五项原则，为维护世界和平稳定作出了自己的贡献。

1953年底，周恩来总理在会见印度谈判代表团时，提出两国应该在互相尊重主权（在亚非会议上改为互相尊重主权和领土完整）、互不侵犯、互不干涉内政、平等互惠（在中印、中缅联合声明中改为平等互利）、和平共处原则的基础上发展两国的友好关系。这里第一次完整提出了国与国之间交往应当遵循的五项原则。1954年4月，在中印双方签署协定的序言中，把和平共处五项原则确定为指导两国关系的准则。1954年6月,在日内瓦会议休会期间,周恩来应邀访问印度和缅甸,在同两国签署发表的联合声明中也都写入了和平共处五项原则。1955年万隆会议上,中国提出的和平共处五项原则受到与会许多国家的赞同。从此以后,和平共处五项原则成为中国对外交往的基本方针。

和平共处五项原则维护了国家主权,主张各国一律平等,最终的目标还是为了维护世界和平,对于中国人民和世界人民来说,这都是有利的。毛泽东主席在会见来访的英国、印度、缅甸等国领导人时也多次谈到和平共处五项原则,还说和平共处五项原则应推广到所有国家关系中去。1957年11月,毛泽东主席在莫斯科参加十月革命四十周年庆典时说:"一切国家实行互相尊重主权和领土完整、互不侵犯、互不干涉内政、平等互利、和平共处这样大家知道的五项原则。"[1]

和平共处五项原则不仅适用于处理与印度、缅甸和印尼等国家的关系,适用于处理与苏联、东欧社会主义国家的关系,而且也适用于处理与西方资本主义国家的关系。因此,在中华人民共和国的外交实践中,和平共处五项原则得到了全方位的普遍运用,显示出强大的生命力。具体来说,和平共处五项原则规定了中华人民共和国处理对外关系的三条基本准则:"第一,以和平为最高目标;第二,以平等为基本准则;

---

[1] 《毛泽东文集》第七卷,北京:人民出版社,1999年,第316页。

第三，以互利为基本要求。"[1]这五项原则为中华人民共和国规定了外交战略目标以和平为最高价值取向，这既符合国际法与国际伦理道德要求，具有合法性与公正性，同时也根植于中华优秀传统文化之中。

和平共处五项原则提出以后，越来越多地应用于国际关系领域，它既包括了指导国家政治关系的原则，也包括了指导国家经济关系的原则，因此逐渐成为国际社会公认的处理国际关系的准则；其主要精神体现在很多国际组织与国际会议通过的宣言与决议中，因此成为指导国家关系和国际政治经济秩序的基本准则。

由此可见，维护世界和平是中国共产党和中国人民对于世界最大的诚意。1955年，毛泽东在会见印尼客人的谈话中还指出："就是西方国家，只要它们愿意，我们也愿意同它们合作。我们愿意用和平的方法来解决存在的问题。"毛泽东结合历史指出："我们是有两次世界大战的历史作为依据的。正是考虑了这一点，我们说，用谈判来解决问题……因此，结论还是一个：和平为上。"[2] "和平为上"体现了中国传统文化以和为贵的理念，是中国处理外交事务的原则和最高追求。

---

[1] 宫力，刘德喜，刘建飞，王红续：《和平为上：中国对外战略的历史与现实》，北京：九州出版社，2007年，第119页。
[2] 《毛泽东文集》第六卷，北京：人民出版社，1999年，第412页。

第五章 继往开来——中华人民共和国对中华文明和平性的继承与发展

时至今日，虽然我们在经济社会等各领域都有了极大的发展，国际地位也是今非昔比，但和平共处五项原则依然具有生命力，而且与时俱进。我们根据国内外经济、政治、军事等形势的变化而提出的"和平发展""和谐世界"以及"与邻为善、以邻为伴"等诸多新理念，都深深刻有和平共处五项原则的烙印。

习近平总书记在和平共处五项原则发表六十周年纪念大会上的讲话中，高度评价了和平共处五项原则的历史意义，指出："这是国际关系史上的重大创举，为推动建立公正合理的新型国际关系作出了历史性贡献。"[1]和平共处五项原则已经成为国际关系的基本准则和国际法的基本原则，适用于各种社会制度、发展水平、体量规模国家之间的关系。而且，"新形势下，和平共处五项原则的精神不是过时了，而是历久弥新；和平共处五项原则的意义不是淡化了，而是历久弥深；和平共处五项原则的作用不是削弱了，而是历久弥坚"[2]。

习近平总书记还指出："中国、印度、缅甸共同倡导和平共处五项原则，成为指导国与国关系的基本准则，是亚洲国家为促进国际关系发展作出的重要贡献。在推动区域合作进程中，亚洲国家交流互鉴，坚持相互尊重、协商一致、照

---

[1] 习近平：《论坚持推动构建人类命运共同体》，北京：中央文献出版社，2018年，第127页。
[2] 同上，第130页。

顾各方舒适度的亚洲方式,这是符合本地区特点的处理相互关系的传统。这个传统体现着亚洲的邻国相处之道,在今天应该继续发扬光大,为亚洲国家以及整个地区和平、发展、合作激发出源源不断的内生动力。"[1]

党的二十大报告依然指出:"中国始终坚持维护世界和平、促进共同发展的外交政策宗旨,致力于推动构建人类命运共同体。"中国坚定奉行独立自主的和平外交政策,坚持在和平共处五项原则基础上同各国发展友好合作,坚决反对一切形式的霸权主义和强权政治。"中国的发展是世界和平力量的增长,无论发展到什么程度,中国永远不称霸、永远不搞扩张。"

中国推动构建新型国际关系,深化拓展平等、开放、合作的全球伙伴关系,推动构建和平共处、总体稳定、均衡发展的大国国际关系。"坚持亲诚惠容和与邻为善、以邻为伴周边外交方针,深化同周边国家友好互信和利益融合。"这些宣言明确表达了中国和平的外交政策。

---

[1] 习近平:《论坚持推动构建人类命运共同体》,北京:中央文献出版社,2018年,第154页。

第二节　构建和谐世界

20世纪80年代以后，随着国际形势的变化，中国在进行中国特色社会主义建设的同时，坚持独立自主的和平外交政策，高举和平、发展的旗帜，提升了国际影响力，同时也为改革开放和现代化建设创造了良好的国际环境。

进入21世纪之后，随着我国改革开放和社会经济的快速发展，在经济高速增长、人民生活水平极大提升的同时，经济社会发展中也出现了一些新的矛盾和问题，如资源紧缺压力增大，城乡发展不平衡、地区发展不平衡、经济社会发展不平衡，社会关系更加复杂，人员流动性大大增强等，面对经济社会发展过程中出现的各种问题，我国政府及时调整社会发展目标，适时提出了构建和谐社会的主张。

2006年10月11日，中国共产党第十六届六中全会通过的《中共中央关于构建社会主义和谐社会若干重大问题的决定》中首先就指出："社会和谐是中国特色社会主义的本质属性，是国家富强、民族振兴、人民幸福的重要保证。"建设和谐社会是"从中国特色社会主义事业总体布局和全面建设小康社会全局出发提出的重大战略任务，反映了建设富强民主文明和谐的社会主义现代化国家的内在要求,体现了全党全国各族人民的共同愿望"。将和谐社会提高到中国特色社会主义的本质属性的高度,既是马克思主义对社会主义的规定,同时也融合了中华优秀传统文化的精华。

《决定》还对构建社会主义和谐社会提出了具体的目标和主要任务,那就是到2020年,"社会主义民主法制更加完善,依法治国基本方略得到全面落实,人民的权益得到切实尊重和保障;城乡、区域发展差距扩大的趋势逐步扭转,合理有序的收入分配格局基本形成,家庭财产普遍增加,人民过上更加富足的生活;社会就业比较充分,覆盖城乡居民的社会保障体系基本建立;基本公共服务体系更加完备,政府管理和服务水平有较大提高;全民族的思想道德素质、科学文化素质和健康素质明显提高,良好道德风尚、和谐人际关系进一步形成;全社会创造活力显著增强,创新型国家基本建成;社会管理体系更加完善,社会秩序良好;资源利用效率显著提高,生态环境明显好转;实现全面建设惠及十几亿人口的更高水平的小康社会的目标,努力形成全体人民各尽其能、各得其所而又和谐相处的局面"。这里涵盖了社会经济文化等各个方面,是全方位的社会建设。现在看来,这些目标都已经基本实现。

党的十七大报告指出,为了建立和谐社会,主要是在经济发展的基础上，更加注重民生建设，报告所列的六大民生任务，即教育、就业、分配、社会保障体系、医疗和社会管理，都是构建和谐社会的工作重点。党的十七大报告还指出："构建社会主义和谐社会是贯穿中国特色社会主义事业全过程的长期历史任务，是在发展的基础上正确处理各种社会矛盾的历史过程和社会结果。要通过发展增加社会物质财富、不断改善人民生活，又要通过发展保障社会公平正义、不断促进社会和谐。""和谐社会要靠全社会共同建设。我们要紧紧依靠人民，调度一切积极因素，努力形成社会和谐人人有责、和谐社会人人共享的生动局面。"

和谐社会是我们在 21 世纪国内社会经济文化发展到一定水平之后，提出的更加美好的社会目标，其中涵盖了民生的各个方面，体现了现代社会综合、协调发展的目标。

在构建和谐社会的同时，面对新形势下的国际形势，尤其是科技革命的加速发展、经济全球化、世界多极化日益加强，人类社会面临的各种挑战，中国政府审时度势，又提出了建设"和谐世界"的主张。这是将构建和谐社会的理念进一步从国内推广到国际，反映了中国作为一个负责任的大国对于人类社会健康发展、实现持久和平的又一贡献。

1995 年，江泽民同志在纪念联合国成立五十周年大会上作了题为《让我们共同缔造一个更美好的世界》的演讲，其中提到要建立"求同存异的国际和谐局面"。2001年,在建党八十周年纪念大会上又提出"我们将继续同各国人民一道,为建设一个持久和平与普遍繁荣的世界而努力",这为建设和谐世界作了思想理论的准备。

2005年4月22日,胡锦涛同志在出席亚洲峰会时发表了《与时俱进,继往开来,构筑亚非新型战略伙伴关系》的讲话,其中提出各种文明、各国要"友好相处、平等对话、发展繁荣,共同构建一个和谐世界"[1]。2005年9月15日,胡锦涛在出席联合国成立六十周年首脑会议时,发表了《努力建设持久和平共同繁荣的和谐世界》的讲话,其中提到:"历史昭示我们,在机遇和挑战并存的重要历史时期,只有世界所有国家紧密团结起来,共同把握机遇、应对挑战,才能为人类社会发展创造光明的未来,才能真正建设一个持久和平、共同繁荣的和谐世界。"[2]

和谐是中华文明的核心价值观之一,构建和谐世界立足于中华优秀传统文化,同时也是中华人民共和国外交政策的进一步发展。中国古代就有大同理想,空想社会主义者也提出了世界和谐的主张,魏特林还把社会主义称作"和谐与自由的社会"。马克思、恩格斯充分肯定了他们对于和谐社会

---

[1] 《十六大以来重要文献选编》(中),北京:中央文献出版社,2006年,第851页。
[2] 胡锦涛:《胡锦涛文选》第二卷,北京:人民出版社,2016年,第352页。

的设想，但同时也指出，由于空想社会主义者没有认识到资本主义的根本矛盾，所以没有找到变革社会的正确理论和途径。马克思主义提出的科学社会主义理论正确地设想了未来社会的发展方向，为社会主义和谐社会的建设指明了方向。

中国共产党在长期的革命、建设实践中，把马克思主义基本原理与中国具体实际相结合，与中华优秀传统文化相结合，明确指出"社会和谐是中国特色社会主义的本质属性"。同时又根据新的国际形势提出了构建和谐世界的主张。和谐社会与和谐世界一个对内，一个对外，体现了和谐思想的统一性和一贯性，也体现了中国人民在社会主义建设的同时，对于实现世界永久和平的不懈努力与追求。

第三节　构建人类命运共同体

党的十八大以来，面对世界百年未有之大变局，习近平总书记站在人类历史发展进程的高度，正确把握国际形势的深刻变化，深入思考"建设一个什么样的世界、如何建设这个世界"等关乎人类前途命运的重大课题，高瞻远瞩地提出构建人类命运共同体重要理念,将构建和谐世界的理念提升到了新的高度,为人类社会共同发展与持久和平绘制了蓝图,也是中国共产党和中国人民为人类社会实现持久和平的伟大理想贡献的新方案。

构建人类命运共同体建立在深厚的中华优秀传统文化的基础上,是中国自古以来爱好和平思想的新体现。习近平总书记多次指出:"天下大同、协和万邦是中华民族自古以来对人类社会的美好憧憬,也是构建人类命运共同体理念蕴含的文化渊源。"[1] 在 5000 多年的文明发展中,中华民族一直追求和传承着和平、和睦、和谐的坚定理念,讲仁爱、重民本、守诚信、崇正义、尚和合、求大同构成了中华文明的精神特质。构建人类命运共同体理念吸收了中华优秀传统文化中"天人合一、道法自然"的宇宙观,"世界大同、天下一家"的天下观,"亲仁善邻、协和万邦"的国际观,"以和为贵、和而不同"的文明观,"以义为先、义利并举"的义利观,秉持立己达人、兼善天下的价值取向,是中国古代天下一家、民胞物与思想在当代的最高体现。

---

[1] 《习近平复信马耳他中学"中国角"师生》,《人民日报》2022 年 8 月 10 日 01 版。

一、构建人类命运共同体理论的提出

2013年3月23日,国家主席习近平在莫斯科国际关系学院发表演讲,首次在国际上提出人类命运共同体理念。2015年9月28日,国家主席习近平在第七十届联合国大会一般性辩论时发表了题为《携手构建合作共赢新伙伴,同心打造人类命运共同体》的讲话,提出了"人类命运共同体"思想。习近平总书记指出:"和平、发展、公平、正义、民主、自由,是全人类的共同价值,也是联合国的崇高目标。目标远未完成,我们仍须努力。当今世界,各国相互依存、休戚与共。我们要继承和弘扬联合国宪章的宗旨和原则,构建以合作共赢为核心的新型国际关系,打造人类命运共同体。"[1] 这是习近平总书记第一次在重要国际场合提出全人类共同价值和人类命运共同体主张,对于推动构建人类命运共同体,凝聚人类文明共识具有极为重要的启示意义。

2017年1月18日,国家主席习近平在联合国日内瓦总部发表了题为《共同构建人类命运共同体》的演讲,指出当世界面临各种不确定之际,中国给出的方案是:构建人类命运共同体,实现共赢共享。具体来说,应当坚持对话协商,

---

[1] 习近平:《论坚持推动构建人类命运共同体》,北京:中央文献出版社,2018年,第253—254页。

建设一个持久和平的世界；坚持共建共享，建设一个普遍安全的世界；坚持合作共赢，建设一个共同繁荣的世界；坚持交流互鉴，建设一个开放包容的世界；坚持绿色低碳，建设一个清洁美丽的世界，并向世界宣告："中国将继续奉行互利共赢的开放战略，将自身发展机遇同世界各国分享，欢迎各国搭乘中国发展的'顺风车'。"[1] 这一演讲充分体现了以合作共赢为核心的新型国际关系的思想内涵。

在党的十九大报告中，习近平总书记又指出，各国人民应当同心协力，"构建人类命运共同体，建设持久和平、普遍安全、共同繁荣、开放包容、清洁美丽的世界"。2020年10月23日，在纪念中国人民志愿军抗美援朝出国作战70周年大会上的讲话中，习近平总书记再次强调："中国坚守和平、发展、公平、正义、民主、自由的全人类共同价值，坚持共商共建共享的全球治理观，坚定不移走和平发展、开放发展、合作发展、共同发展道路。只要坚持走和平发展道路，同各国人民一道推动构建人类命运共同体，就一定能够迎来人类和平与发展的美好未来！"习近平总书记在党的二十大报告中重申："构建人类命运共同体是世界各国人民前途所在。"

习近平总书记十多年来在不同场合多次强调构建人类命

---

[1] 习近平：《论坚持推动构建人类命运共同体》，北京：中央文献出版社，2018年，第423页。

运共同体,将人类命运共同体的理论不断发展完善,是中国为解决当前人类社会面临的诸种问题而提出的中国方案,同时也成为习近平外交思想的重要内容。

二、构建人类命运共同体的理论内涵

自从习近平总书记在 2013 年提出"人类命运共同体"之后,经过十年的发展,"人类命运共同体"已经形成了以"五个世界"为总目标,以全人类共同价值为价值追求,以共建"一带一路"为实践平台,以全球发展倡议、全球安全倡议、全球文明倡议为重要依托的科学理论体系。

2017 年 12 月 1 日,习近平总书记在北京举行的中国共产党与世界政党高层对话会上的主旨演讲中指出:"人类命运共同体,顾名思义,就是每个民族、每个国家的前途命运都紧紧联系在一起,应该风雨同舟,荣辱与共,努力把我们生于斯、长于斯的这个星球建成一个和睦的大家庭,把世界各国人民对美好生活的向往变成现实。"[1] 其实,在党的十九大报告中已经指出,构建人类命运共同体就是要"建设持久和平、普遍安全、共同繁荣、开放包容、清洁美丽的世界"。

---

1 习近平:《论坚持推动构建人类命运共同体》,北京:中央文献出版社,2018 年,第 510 页。

这"五个世界"就是人类命运共同体的总体目标和核心要义。

具体来说，其中包括了政治、安全、经济、文化、生态五个方面。在政治上，要相互尊重、平等协商，坚持对话协商，摒弃冷战思维和强权政治，走对话而不对抗、结伴而不结盟的国与国交往新路；在安全上，要坚持以对话解决争端、以协商化解分歧，统筹应对传统和非传统安全威胁，坚持共建共享，反对一切形式的恐怖主义；在经济上，要同舟共济，坚持合作共赢，推动经济全球化朝着更加开放、包容、普惠、平衡、共赢的方向发展；在文化上，要尊重世界文明多样性，坚持交流互鉴，以文明交流超越文明隔阂、文明互鉴超越文明优越；在生态上，要坚持环境友好，绿色低碳，保护好人类赖以生存的地球家园。

经过十年的发展和实践检验，这一理念在全球范围内赢得了越来越广泛的认同和支持，因为这一理念合乎人类利益，契合人类追求，无疑是人类文明的基本共识和价值遵循。

构建人类命运共同体，是中国坚持走和平发展道路，高举和平、发展、合作、共赢旗帜，奉行独立自主和平外交政策的宣言。中华民族爱好和平，五千多年来一直传承着和平、和睦、和谐的理念及崇尚正义、不畏强暴的勇气。习近平总书记提出的构建人类命运共同体理念，是中国古代民胞物与、万物一体的博爱精神的当代升华，弘扬了和平、发展、公平、正义、民主、自由的全人类共同价值，体现了中国作为世界和平的建设者、全球发展的贡献者、国际秩序的维护者的不懈追求和责任担当。中国始终认为，世界好，中国才能好；中国好，世界才更好。中国和世界是一体的，只有构建人类命运共同体，才能实现人类永久和平的美好愿望。

近年来，习近平总书记着眼国际形势出现的新变化、新挑战、新问题，从解决和平与发展两大核心问题出发，先后提出了全球发展倡议、全球安全倡议、全球文明倡议，呼吁打造全球发展共同体和人类安全共同体，这也成为人类命运共同体理论的重要组成部分。

2021年9月21日，国家主席习近平在北京以视频方式出席第七十六届联合国大会一般性辩论并发表重要讲话，提出全球发展倡议，具体内容是：一是坚持发展优先；二是坚持以人民为中心；三是坚持普惠包容；四是坚持创新驱动；五是坚持人与自然和谐共生；六是坚持行动导向。

2022年4月21日，习近平主席在博鳌亚洲论坛年会开幕式上以视频方式发表题为《携手迎接挑战，合作开创未来》的主旨演讲，首次提出全球安全倡议。2022年11月15日，习近平主席在二十国集团领导人第十七次峰会上发表重要讲话，再次提出全球安全倡议。全球安全倡议的核心理念与原则是：一是坚持共同、综合、合作、可持续的安全观；二是坚持尊重各国主权、领土完整；三是坚持遵守联合国宪章宗旨和原则；四是坚持重视各国合理安全关切；五是坚持通过对话协商，以和平方式解决国家间的分歧和争端；六是坚持统筹维护传统领域和非传统领域安全。

全球安全倡议再次明确表明了中国对于维护世界和平的立场和主张，强调人类是不可分割的安全共同体，让每一个国家享有和平稳定的外部环境，让每一个国家的人民都能安居乐业，享受和平安宁的生活，实现世界持久和平，是我们的共同愿望。

2023年3月15日，习近平总书记在中国共产党与世界政党高层对话会上提出"全球文明倡议"。全球文明倡议的主要内容即"四个共同倡导"：共同倡导尊重世界文明多样性，共同倡导弘扬全人类共同价值，共同倡导重视文明传承和创新，共同倡导加强国际人文交流合作。这一倡议顺应国际社会增进文明对话交流、促进文化繁荣发展的共同需求，展现了中国的大国责任和担当。习近平总书记表示："我们愿同国际社会一道，努力开创世界各国人文交流、文化交融、民心相通新局面，让世界文明百花园姹紫嫣红、生机盎然。"

党的二十大报告对当前的国际形势有清晰的认识和把握。一方面，和平、发展、合作、共赢的历史潮流不可阻挡，另一方面，恃强凌弱、巧取豪夺、零和博弈等霸权霸道霸凌行径危害深重，和平赤字、发展赤字、安全赤字、治理赤字加重，人类社会面临前所未有的挑战。在这种复杂的形势面前，"中国始终坚持维护世界和平、促进共同发展的外交政策宗旨，致力于推动构建人类命运共同体"。习近平总书记近年来提出的三大倡议，就是针对当前人类社会面临的经济发展、地区安全和冲突而提出的中国方案，体现了中国智慧，是人类命运共同体在发展、安全和文明交流互鉴领域的生动实践，为维护世界和平安宁指明了前进方向，特别是在当前形势下对维护世界和平与发展具有极其重要的现实意义。

三、构建人类命运共同体的实践

构建人类命运共同体理念解决的是当今世界面临的突出问题。当今世界正处于百年未有之大变局，国际社会正面临多边和单边、开放和封闭、合作和对抗的重大考验。习近平总书记多次强调，坚持合作、不搞对抗，坚持开放、不搞封闭，坚持互利共赢、不搞零和博弈，推动历史车轮向着光明的目标前进。共建"一带一路"国际合作，就是为构建人类命运共同体提供了最具标识度的重要平台和最为直接、最为现实的实践路径。

习近平总书记是在2013年初首次提出构建人类命运共

同体的理念。也是在这一年的 9 月和 10 月，习近平总书记分别提出建设"新丝绸之路经济带"和"21 世纪海上丝绸之路"的合作倡议，运用古代丝绸之路的历史文化资源，高举和平发展的旗帜，积极发展与合作伙伴的经济合作关系，共同打造政治互信、经济融合、文化包容的利益共同体、命运共同体和责任共同体，是构建人类命运共同体的伟大实践。

截至 2023 年 6 月底，中国与 150 多个国家、30 多个国际组织签署了共建"一带一路"合作文件。"一带一路"合作从亚欧大陆延伸到非洲和拉美，连接了整个世界。2013—2022 年，中国与共建国家进出口总额累计达到 19.1 万亿美元，年均增长 6.4%；与共建国家双向投资累计超过 3800 亿美元，其中中国对外直接投资超过 2400 亿美元。经过 10 年不懈努力，共建"一带一路"已经形成了一整套与人类命运共同体理念高度契合的思想观念、价值导向和实践方法，和平合作、开放包容、互学互鉴、互利共赢为主要特征的丝路精神传播到世界各地，得到了越来越多国家的积极响应和普遍参与。

习近平总书记曾经指出过，古丝绸之路之所以名垂青史，靠的不是战马和长矛，而是驼队和善意；不是坚船和利炮，而是宝船和友谊。共建"一带一路"，体现的是和而不同、互鉴互惠，"己欲立而立人，己欲达而达人"的理念，谋求的是和平发展、合作共赢。"一带一路"有效地提升了共建国家的基础设施建设和经济发展水平，带来的是文明交流和互鉴，形成的是"你中有我，我中有你"的和平共存的命运共同体。另外，我国还设立丝路基金，发起成立亚洲基础设施建设投资银行，打造金砖国家利益共同体，等等，都是构建人类命运共同体在当代社会的具体而生动的展现，在全世界取得了有目共睹的成效。

四、构建人类命运共同体的意义

中华五千多年光辉灿烂的文明中孕育了崇尚和平、和睦、和谐的理念，这些思想从根本上决定了中华文明的和平性。同时，中华文明的和平性也从根本上决定了当代中国始终是世界和平的建设者、全球发展的贡献者、国际秩序的维护者，这也为推动构建人类命运共同体奠定了坚实历史根基，提供了源源不断的文化滋养。

构建人类命运共同体的理念和中国古代协和万邦、天下一家的理念是相通的，同时又是面对当代国际社会政治、经济、文化等不同领域出现的现实问题而提出的中国方案。当今世界正处于大变革大调整时期，世界多极化、经济全球化、社会信息化、文化多样化深入发展，各国相互联系和依存日益加深。世界面临诸多不稳定性和不确定性，人类面临许多共同挑战，但同时，和平发展依然是时代大潮，不可逆转。我们深刻认识到，人类是相互依存的命运共同体。世界好，中国才会好；中国好，世界会更好。只有合作共赢才能办成事、办好事、办大事。构建人类命运共同体的理念融合了我国一贯主张的和平共处五项原则的精神和构建和谐世界的美好思想，是习近平总书记在新时代站在深入思考"建设一个什么样的世界、如何建设这个世界"等关乎人类发展前途命运的高度而提出的战略构想，为人类社会实现共同发展、持续繁荣、长治久安绘制了蓝图，提供了融汇了中国文化理念的中国方案，体现了中国致力于为世界和平与发展作出更大贡献的崇高目标，体现了中国将自身发展与世界发展相统一的全球视野、世界胸怀和大国担当，具有重大意义。

第四节　和平发展

从人类历史的发展，尤其是近代以来四五百年的历史来看，建设中国特色社会主义走的是和平发展的道路。邓小平曾经说："我们搞的是有中国特色的社会主义，是不断发展社会生产力的社会主义，是主张和平的社会主义。只有不断发展社会生产力，国家才能一步步富强起来，人民生活才能一步步改善。只有争取到和平的环境，才能比较顺利地发展。"[1] 和平与发展是中国特色社会主义建设的标志。

经过四十多年的改革开放，中国经济发展和社会主义建设取得了举世瞩目的成就，综合国力极大提升，但有一些人按照所谓的"文明冲突论"，对中国的发展道路也提出了怀疑。因此，研究中华文明具有突出的"和平性"，强调中国坚持和平发展的理念和道路，具有非常重要的意义。

习近平总书记近年来在讲话中多次提到，在历史上，即使中国强盛到国内生产总值占世界百分之三十的时候，也从未对外侵略扩张。他指出："自古以来，中华民族就积极开展对外交往通商，而不是对外侵略扩张；执着于保家卫国的爱国主义，而不是开疆拓土的殖民主义。中国近代史，是一部充满灾难的悲惨屈辱史，是一部中华民族抵抗外来侵略、实现民族独立的伟大斗争史。经历苦难的中国人民珍惜和平，绝不会将自己曾经遭受过的悲惨经历强加给其他民族。中国人民愿意同世界各国人民和睦相处、和谐发展，共谋和平、共护和平、共享和平。"[2] 又指出："中国从一个积贫积弱的

---

[1] 《邓小平文选》第三卷，北京：人民出版社，1993年，第328页。
[2] 习近平：《论坚持推动构建人类命运共同体》，北京：中央文献出版社，2018年，第152—153页。

国家发展成为世界第二大经济体，靠的不是对外军事扩张和殖民掠夺，而是人民勤劳、维护和平。中国将始终不渝走和平发展道路。"[1]

正因为我们经历过战争和苦难，因此才异常珍惜和平。中国多次公开声明，中国将坚定不移走和平发展道路，同时也将推动各国共同坚持和平发展，坚持通过以对话协商、以和平方式解决分歧和争端。党的二十大报告向全世界庄严宣告：中国式现代化是走和平发展道路的现代化。我国不走一些国家通过战争、殖民、掠夺等方式实现现代化的老路，那种损人利己、充满血腥罪恶的老路，给广大发展中国家人民带来深重灾难。我们坚定站在历史正确的一边、站在人类文明进步的一边，高举和平、发展、合作、共赢旗帜，在坚定维护世界和平与发展中谋求自身发展，又以自身发展更好维护世界和平与发展。习近平总书记也向世界庄严承诺："中国维护世界和平的决心不会改变"，"中国促进共同发展的决心不会改变"，"中国打造伙伴关系的决心不会改变"，"中国支持多边主义的决心不会改变"。这四个"不会改变"是中国向世界的承诺，它为构建人类命运共同体、更好凝聚人类文明共识提供了有力保障。

---

[1] 习近平：《论坚持推动构建人类命运共同体》，北京：中央文献出版社，2018年，第423页。

建设中华民族现代文明，是以中华五千年文明为基础的，是中华民族的旧邦新命，赓续的是中华优秀传统文化。从历史上来看，中华民族自古以来就爱好和平，崇尚和谐，"为万世开太平"是中国思想文化当中的最高理想。中国文化当中蕴含着丰富的"以和为贵""和而不同"的宝贵思想。中国当代的发展和取得的成就是中国人民努力奋斗的成果，而不是通过殖民掠夺、武力侵犯得来的。中国近代以来遭遇了一百多年的动荡和战争，给中国人民带来巨大灾难，因此，中国人民深知和平的宝贵，绝不会放弃维护和平的决心和愿望。"己所不欲，勿施于人"，中国绝不会把自己曾经遭受过的悲惨遭遇强加给其他国家和民族。

从现实发展来看，中国需要和平。我们认为，和平与发展依然是时代的潮流，中国自 20 世纪 80 年代改革开放以来，社会经济、文化的飞速发展，靠的就是国内外的和平环境。目前中国依然需要和谐稳定的国内环境与和平安宁的国际环境，任何动荡和战争都不符合中国人民的根本利益。因此，中国是世界和平的坚定的维护者。

中国改革开放的历史已经证明，"和平发展是中国基于自身国情、社会制度、文化传统作出的战略抉择，顺应时代潮流，符合中国根本利益，符合周边国家利益，符合世界各国利益，我们没有理由去改变它"，"我们将继续坚持与邻为善、以邻为伴的方针，坚持睦邻、安邻、富邻的政策"[1]。因此，习近平总书记多次明确地表示，"中国坚持走和平发展道路，坚持独立自主的和平外交政策，不是权宜之计，而是我们的战略选择和郑重承诺"[2]。这是基于中华五千多年的文明史和对当代世界形势的判断而向世界发出的庄严宣告。

中国一直是维护和平的正义力量。正如习近平总书记所指出的，"和平是宝贵的，但和平也是需要维护的"[3]，中国人民坚持走和平发展道路，也真诚希望世界各国都走和平发展这条道路，愿意各国搭乘中国发展的"顺风车"，携手共建持久和平、共同繁荣的和谐世界。

习近平总书记在十多年前就指出："走和平发展道路，是中华民族优秀文化传统的传承和发展，也是中国人民从近代以后苦难遭遇中得出的必然结论。"[4] 中华文明所具有的突出的和平性，决定了中国文化的性质，也决定了中国道路的方向。自新中国成立以来，我们在与全世界交往的过程中，始终贯彻了独立自主的和平外交政策。从和平共处五项原则，构建和谐世界，到习近平总书记提出的构建人类命运共同体，一层层递进，一层层提升，一以贯之的是中华民族崇尚和平、

---

[1] 习近平：《论坚持推动构建人类命运共同体》，北京：中央文献出版社，2018年，第153页。
[2] 同1，第277页。
[3] 同1，第191页。
[4] 同1，第1页。

和睦、和谐的思想，追求天下为公、河清海晏的理想，是中国古代哲学中以和为贵、和而不同、民胞物与、四海一家、为天下谋大同、为万世开太平思想的现代体现，生动具体地体现了中华文明所具有的突出的和平性特征。

主要参考文献

1. 习近平：《论坚持推动构建人类命运共同体》，北京：中央文献出版社，2018年。
2. 中国历史研究院主编：《中华文明史简明读本》，北京：中国社会科学出版社，2024年。
3. 王巍等：《溯源中华文明》，北京：北京联合出版公司，2023年。
4. 王国维：《观堂集林》，北京：中华书局，1959年。
5. 王玉哲：《中华远古史》，上海：上海人民出版社，2000年。
6. 吕思勉：《中国制度史》，上海：上海教育出版社，1985年。
7. 蒙文通：《儒学五论》，桂林：广西师范大学出版社，2007年。
8. 何怀宏：《选举社会及其终结：秦汉至晚清历史的一种社会学阐释》，北京：生活·读书·新知三联书店，1998年。

9. 阎步克：《察举制度变迁史稿》，北京：北京师范大学出版社，2021年。

10. 冯尔康主编：《中国社会结构的演变》，郑州：河南人民出版社，1994年。

11. 张国刚：《中西文化关系通史》，北京：北京大学出版社，2019年。

12. 荣新江：《丝绸之路与东西文化交流》，北京：北京大学出版社，2022年。

13. 梁启超：《先秦政治思想史》，天津：天津古籍出版社，2003年。

14. 杨树达：《积微居小学述林全编》，上海：上海古籍出版社，2013年。

15. 柳诒徵：《柳诒徵文集》，北京：商务印书馆，2018年。

16. 陈来：《古代宗教与伦理——儒家思想的根源》，北京：生活·读书·新知三联书店，1996年。

17. 侯外庐，邱汉生，张岂之主编：《宋明理学史》上卷，北京：人民出版社，1984年。

18. 张岱年：《中国哲学大纲》，北京：中华书局，2017年。

19. 冯友兰：《中国哲学史新编》第五册，北京：人民出版社，1988年。

20. 宫力，刘德喜，刘建飞，王红续：《和平为上：中国对外战略的历史与现实》，北京：九州出版社，2007年。

后　记

今年年初，浙江古籍出版社的社长王旭斌、副总编辑关俊红来所里商谈与哲学所的合作事宜，会谈中提到我们中国哲学学科的几位同志正在承担的我院重大创新项目"中华文明'五个突出特性'的哲学研究"。王社长当即表示愿意出版一套简要阐述中华文明"五个突出特性"的丛书。这就是本书撰写的缘起。

其实，在张志强所长领衔申获院里的重大项目后，我又出面申请了国家社科基金重大项目"中华文明突出特性的历史发展和内在机理研究"，并且很荣幸地获得批准立项。因此，撰写本书的动议虽属偶然，但其实这些内容我们课题组已经开始研究，并且也是今后一段时间研究的重点。

自从和浙江古籍出版社有了合作协议之后，所里就立刻协调人员，组成了一个七人课题组，着手开展工作。按照分工，我承担了"和平性"的写作。整个春节，我都是在查阅资料、编写提纲中度过的。经过了忙碌的五个月，现在终于完成了这项工作。当时的紧张还记忆犹新，但更多的是在完成一项课题之后的欣喜与兴奋。这一合作项目之所以能够在几个月之内顺利完成，我首先要感谢张志强所长的大力支持和当机立断。在大家还有些犹豫不定、担心是否能在短时间内完成的时候，作为项目负责人，张所长拍板决定了与浙江古籍出版社的合作。现在看来，要是没有当时的决断，也就不会有今天的这五本书。在五个月的写作过程中，张老师给课题组制定了基本的要求，把握了大方向，给每部书的提纲都提出了非常精辟、细致的意见，并在四五月份与课题组全体成员数次通宵达旦地改稿、统稿。这些都为这次合作研究的顺利完成奠定了扎实的基础，并且也为书稿保持较高的学术质量提供了保障。

其次，我也要感谢课题组同仁任蜜林、孙海科、傅正、胡海忠和龙涌霖的齐心协力与通力合作。在这几个月里，大家心无旁骛，专心致志地进行研究和写作。每周的返所日，我们也是在研究室不断进行交流。从观点的讨论，到对一些具体材料的分析、资料的查阅、研究和写作中发现的问题，都在交流、讨论中得到及时解决。尤其在后期的修改过程中，大家对每部书稿都提出了中肯的意见，甚至尖锐的质疑。正因为对书稿不断地磋商、打磨,提升了本书的学术质量。现在五部书虽然是独立署名,但每部书稿中也都倾注了其他同仁的辛劳和见解。

最后,我还要衷心感谢浙江古籍出版社的王社长、关副总编辑以及负责本书的文字编辑韩辰。王社长的提议使我们开始撰写这套丛书,他的大力支持也使得这套丛书能够顺利地按期出版。关副总编辑的不断督促和协调,加速了本书的出版进度。韩辰编辑认真细致,我们多次就书稿中的问题往返沟通,这使得本书能以更好的面貌呈现出来。尤其值得一提的是,在五部书稿基本完成之后,浙江古籍出版社又于5月10日在杭州举行了印前审读会,张老师带领我们几位作者与出版社的领导、责任编辑见面,面对面地逐个讨论了书稿中存在的细节问题。浙江古籍出版社的大力支持和高效工作为这套丛书能够顺利、按时出版,提供了有力的保障,这是我们作者极为感谢的。

本书虽然已经完成,但是从中国哲学史的角度研究阐释中华文明的"五个突出特性"是一项长期且艰巨的学术工作,这一课题也为中国哲学史的研究打开了新的空间,同时也提出了更高的要求。本书由于各种原因还是显得比较粗疏,有一些问题没有展开,还有一些问题没有涉及。在这几个月的研究写作过程中,我也切身感受到,做这样的研究,需要对中国哲学史有更扎实、深入的基础研究，也需要从历史、哲学等不同维度进行思考，吸收借鉴其他学科的研究成果，更为重要的是要有更加宏观的理论视野。这些都是我在日后的研究中需要进一步加强的。同时，由于丛书的体例，我们是将"五个突出特性"分开撰写的，但实际上，"五个突出特性"又是一个有机的整体，贯穿于中华文明史和中国哲学史、思想史当中。我在"和平性"的研究过程中也发现，从中国哲学史的角度来探讨这个问题，以往关注不多，还可以做更多的研究。本书内容目前是以儒家为主，但实际上关于道家以及宋明理学等都可以在这个方面做一些深入细致的研究，这样也会从中国哲学史的角度丰富、深化对于中华文明和平性的认识。另外，"和平性"与其他几个特性的关系，以及另外几个特性的内涵，也是我今后需要继续研究的内容。

总而言之，本书只是我个人关于中华文明和平性的一个阶段性研究成果。对于我们课题组来说，我们还要在这五部书的基础之上，展开更加深入全面的研究。从中华文明的高度，深化中国哲学史的研究，将中国哲学建立在中华文明5000多年的历史脉络当中，以此来进一步挺立当代中国哲学的主体性，这是需要我们认真思考和用力研究的重要内容。

刘　丰

2024 年 5 月 18 日

图书在版编目(CIP)数据

保合太和：中华文明突出的和平性 / 刘丰著. -- 杭州：浙江古籍出版社, 2024.5
（中华文明突出特性阐释丛书 / 张志强主编）
ISBN 978-7-5540-2975-6

Ⅰ.①保… Ⅱ.①刘… Ⅲ.①中华文化－研究 Ⅳ.①K203

中国国家版本馆 CIP 数据核字（2024）第 094545 号

策　　划	芮　宏	整体设计	吴思璐
组　　稿	关俊红	责任校对	吴颖胤
责任编辑	姚　露	责任印务	楼浩凯
文字编辑	韩　辰		

中华文明突出特性阐释丛书
保合太和——中华文明突出的和平性
刘　丰　著

出版发行	浙江古籍出版社
	（杭州市环城北路 177 号　电话：0571-85068292）
网　　址	https://zjgj.zjcbcm.com
照　　排	浙江大千时代文化传媒有限公司
印　　刷	浙江新华数码印务有限公司
开　　本	880mm×1230mm　1/32
印　　张	6
字　　数	110 千字
版　　次	2024 年 5 月第 1 版
印　　次	2024 年 5 月第 1 次印刷
书　　号	978-7-5540-2975-6
定　　价	26.00 元

如发现印装质量问题，影响阅读，请与市场营销部联系调换。